Manuela d'Ávila

SOMOS AS PALAVRAS QUE USAMOS

Manuela d'Ávila

SOMOS AS PALAVRAS QUE USAMOS

Um guia para entender (um pouco) e explicar (um pouquinho) o mundo

 Planeta

> "NÃO TEMOS OUTRA COISA [QUE PALAVRAS]. SOMOS AS PALAVRAS QUE USAMOS."

— **JOSÉ SARAMAGO**
em entrevista à jornalista Anabela Mota Ribeiro.

Copyright © Manuela d'Ávila, 2022
Copyright © Editora Planeta do Brasil, 2022
Todos os direitos reservados.

Projeto editorial e edição de texto: Cris Lisbôa
Preparação: Aline Araújo e Bianca Oliveira
Revisão: Marina Castro
Projeto gráfico e diagramação: Victor Aragão
Capa: Victor Aragão

DADOS INTERNACIONAIS DE CATALOGAÇÃO NA PUBLICAÇÃO (CIP)
ANGÉLICA ILACQUA CRB-8/7057

d'Ávila, Manuela
    Somos as palavras que usamos / Manuela d'Ávila. - São Paulo: Planeta do Brasil, 2022.
    176 p.

    ISBN: 978-65-5535-823-0

1. Política e governo – Obras populares 2. Sociologia – Obras populares I. Título

22-2889   320.981

Índice para catálogo sistemático:
1. Política e governo – Obras populares

Ao escolher este livro, você está apoiando o manejo responsável das florestas do mundo

2022
Todos os direitos desta edição reservados à
Editora Planeta do Brasil Ltda.
Rua Bela Cintra 986, 4º andar — Consolação
São Paulo — SP — 01415-002
www.planetadelivros.com.br
faleconosco@editoraplaneta.com.br

Às pessoas que vieram antes,
lutando para que víssemos
aquilo que fingíamos não ver,
para que tomássemos consciência
daquilo que não tínhamos e,
então, falássemos sobre
o que nos calávamos.

Obrigada.

AGRADECIMENTOS

Escrevi este livro nas madrugadas,
Laura acordava e queria brincar.
Não podia, estava trabalhando.
Obrigada, filha, por esperar para
que eu te levasse na pracinha.

Ao Duca, que sempre me disse
que eu não podia parar de escrever.

Ao Gui, por trazer serenidade.

Cris, minha amiga purpurina,
sua mão nunca soltou a minha e,
quando entreguei este livro,
completamente diferente do esperado,
você disse "tudo bem, vai ser sucesso".

Prefácio

67%
dos estudantes de 15 anos
não conseguem diferenciar
fatos de opiniões
quando interpretam textos.

O sociólogo e revolucionário Karl Marx disse que "mais do que interpretar, nós precisamos transformar o mundo". Concordo. E também acredito que, antes de transformá-lo, precisamos entendê-lo. O que é isso, o que significa aquilo, o que eu realmente digo quando falo? O que realmente queremos dizer quando nos expressamos?

Nos últimos anos, essas devem ter sido as perguntas mais sem respostas nos corações brasileiros. Você sentiu isso? Como se não partilhássemos mais de uma língua — ou linguagem — comum, como se em alguns casos fosse impossível conversar.

É verdade que assistimos a amigos e familiares aderindo a uma agenda política, cultural e social da extrema-direita, mas, apesar de tudo, sigo não acreditando que todas essas pessoas tenham uma compreensão de mundo comum baseada no ódio e na violência. Sei que muitas têm, não me iludo. Sei também que outras tantas pessoas acreditam nos conceitos criados por esse grupo, por exemplo, ideologia de gênero, *chip* do comunismo na vacina chinesa, terra plana, marxismo cultural, racismo reverso ou a teoria de que o aquecimento global é uma fraude.

MAIS QUE INTERPRETAR, PRECISAMOS TRANSFORMAR O MUNDO.

Pode soar absurdo ou até engraçado para você, mas o fato é que essas são dúvidas reais de milhares de pessoas. E, apesar das centenas de perfis que produzem conteúdo qualificado e nos permitem aprender (vou listar alguns deles ao longo do livro), as respostas que estavam mais facilmente à disposição eram falsas. A extrema-direita preencheu os espaços das ignorâncias de muitas de nossas pessoas queridas. (Vale salientar que uso a palavra *ignorância* no sentido literal, não ofensivo, de ignorar, de não saber.)

Como isso aconteceu?

Somos um país profundamente desigual, e, entre tantos dados dolorosos, 67% dos estudantes de 15 anos não conseguem diferenciar fatos de opiniões quando interpretam textos.[1] Existem também aquelas pessoas — que tu e eu conhecemos aos montes e que, inclusive, podem ser parte de nossas amizades — que tomam suas decisões de maneira superficial porque simplesmente não consideram a política um assunto importante. Ou então aquele irmão que acredita que tanto faz, ou o tio que nem se esforça para tornar consciente a violência presente em brincadeiras ou "piadas" e que nem sequer percebe que aquilo que reivindica como tradição pode ser violento contra a maioria da população. E há ainda os milhares de trabalhadoras e trabalhadores que têm suas vidas atravessadas por uma exploração brutal e nem sequer encontram tempo — ou não dispõem de pacote de dados de internet — para assistir a vídeos com conteúdo de formação política-cidadã, por exemplo.

1. Relatório da OCDE intitulado "Leitores do séc. XXI: desenvolver competências de leitura num mundo digital", 2021.

Ou seja, ainda existimos em uma sociedade em que algumas pessoas podem se dar ao luxo de não se importar com o todo, outras nem sequer compreendem que são parte do todo e muitas, muitas delas reproduzem a desinformação em massa, ao mesmo tempo que também são vítimas dela.

E, para que seja realmente possível construirmos mudanças, se faz urgente criar espaços de diálogo, educação, formação e conscientização. Além disso, quero que enfrentemos os silêncios. Os silêncios de amigas que, ao perceber que não dominam determinados temas, acabam, por certo medo de errar, se calando sobre eles. E sei que muitas vezes quem se cala pode ser tu mesma, insegura diante de tantos debates ou expressões, conceitos, palavras que surgem e que ainda nem sequer conheces.

Vamos ter tranquilidade para assumir não saber algo, vamos perceber a voz das pessoas que se calam constrangidas ou que ignoram genuinamente. Porque não ter consciência de tudo não é um problema. O problema é não ter acesso ao que te permite ter essa consciência. E para isso é preciso criar pontes, e não as implodir. Vejam o meu caso: nem sempre fui feminista; estou aprendendo permanentemente a reconhecer os privilégios de minha branquitude ao ouvir minhas amigas e meus amigos do movimento negro; não percebia a questão ambiental como elemento central para uma ideia de desenvolvimento. Eu não pensei sempre igual e nem sempre soube grande parte das coisas que sei.

E agora tu deves estar pensando: tudo é muito bonito na teoria, mas, quando vamos colocar esse diálogo ou barulho em prática, nos faltam palavras, não é? E é também por isso que estou escrevendo: acredito que

NÃO TER CONSCIÊNCIA DE TUDO NÃO É UM PROBLEMA.

O PROBLEMA É NÃO TER ACESSO AO QUE TE PERMITE TER CONSCIÊNCIA.

as palavras, quando usadas para machucar, podem ser como bombas, mas, quando generosas, podem ser como pedaços de um caminho que aproxima. Afinal, como ensinou Saramago, "somos as palavras que usamos", e eu quero, com este pequeno livro, te ajudar a encontrar as palavras certas para que determinados assuntos, tão importantes, deixem de ser motivo de briga ou de silêncio na noite de Natal (não, eu não estava espiando a tua ceia de Natal, eu simplesmente sei que isso aconteceu em quase todas as famílias) e passem a ser uma das razões para aquelas conversas que duram até tarde e que, dentro de nós, guardamos para sempre.

Então, é importante que, antes de começar a ler, você saiba que este não é um livro sobre a história do Brasil nem sobre o projeto que defendo para o país ou sobre as origens de nossa desigualdade. É um livro que pretende te dar elementos para que tu possas refletir sobre temas centrais, para que nos desenvolvamos enfrentando a desigualdade. Temas que aparecem por aí, descosturados, e que fazem parte da sua vida, o tempo todo.

Cada página é um convite para que tu avances na tua compreensão e consciência sobre algumas palavras (conceitos) e possas conversar com outras pessoas queridas para que elas avancem o pensamento.

Nada do que você vai ler tem o sentido de ponto-final. Ao contrário, são reticências. Estou abrindo o papo para que tu sigas falando por aí. Para que as palavras que somos (porque usamos) sejam pontos para luz. E nunca mais para sombras.

DES[
MAÇÃO

INFOR & FAKE NEWS

Como entender um pouco desse universo?

As redes de produção
e distribuição de

DISCURSO DE ÓDIO

se mantêm alegando a
liberdade de expressão assegurada
pela Constituição.

Vamos começar pelo começo. Apesar de a expressão "*fake news*" ser a mais popular, os pesquisadores do tema utilizam o termo "desinformação". Por quê? Por algumas razões. A primeira delas é o fato de não existir consenso sobre o que seriam essas *fake news*.

Na política, por exemplo, o ex-presidente norte-americano Donald Trump chama de *fake news* tudo de que ele discorda. Além disso, a expressão carrega uma contradição: dá pra ser falsa (*fake*) e ser notícia (*news*) se justamente o que caracteriza uma notícia é a existência de um fato? Não, né? Então está tudo bem se tu seguires usando a expressão nas tuas rodas de conversa, mas quero que tu saibas que desinformação é mais apropriado para o que, creio eu, você está tentando expressar.

Mas qual é o conceito de desinformação? A Unesco resume dizendo que são tentativas deliberadas (é comum serem também orquestradas) de confundir ou manipular pessoas por meio de transmissão de informações falsas. Quando usamos o termo "orquestradas", queremos dizer que podem ser parte de um esquema que dissemina calúnia, injúria, difamação e ódio para satisfazer crenças de seus consumidores.

Em meu livro *E se fosse você? Sobrevivendo às redes de ódio e fake news*, apresentei um resumo, feito pela jornalista britânica Claire Wardle, diretora de pesquisa da First Draft, instituto ligado à Universidade de Harvard para o combate à desinformação e à desinformação on-line, sobre as formas como os conteúdos de desinformação são mais frequentemente apresentados. São sete categorias:

1 — SÁTIRA OU PARÓDIA
Sem intenção de causar mal, mas tem potencial de enganar. Esse tipo de notícia falsa em princípio não tem intenção de causar mal a ninguém, mas pode, sim, causar, pois pode levar os leitores à confusão.

2 — FALSA CONEXÃO
Quando manchetes, imagens ou legendas dão falsas dicas do que é o conteúdo realmente. Nesse tipo de notícia falsa, o título não corresponde fielmente ao conteúdo apresentado, gerando uma espécie de *clickbait* para aumentar o acesso.

3 — CONTEÚDO ENGANOSO
Uso enganoso de uma informação para usá-la contra um assunto ou uma pessoa. Nesse tipo de *fake news*, a informação é utilizada de forma a difamar o assunto ou a pessoa a que se refere.

4 — FALSO CONTEXTO
Quando um conteúdo genuíno é compartilhado com um contexto falso. Nessa modalidade de notícia falsa, uma determinada informação, quando fora de contexto, pode se tornar inapropriada ou inválida com o passar do tempo.

5 — CONTEÚDO IMPOSTOR
Quando fontes (pessoas, organizações, entidades) têm seus nomes usados, mas com afirmações que não são suas. Nesse tipo de *fake news*, a informação é mal utilizada de forma a difamar a pessoa ou o assunto a que se refere.

6 — CONTEÚDO MANIPULADO
Quando uma informação ou ideia verdadeira é manipulada para enganar o público. Nesse tipo, ocorre a adulteração de texto e/ou imagens para tendenciar determinada opinião/visão política/ponto de vista. É um tipo perigoso de notícia falsa.

7 — CONTEÚDO FABRICADO
Feito do zero, é 100% falso e construído com o intuito de desinformar o público e causar algum mal. Essas notícias têm todo o seu conteúdo falso e são criadas para enganar e prejudicar; aprender a identificá-las é fundamental para o aprimoramento da democracia.

Para mim, é impossível apresentar o conceito de desinformação sem falar em discurso de ódio e liberdade de expressão, já que, comumente, as redes de produção e distribuição de desinformação se sustentam com ódio e se mantêm alegando a liberdade de expressão assegurada pela Constituição.

Mas a liberdade de expressão é infinita, protegendo todas as manifestações, inclusive aquelas que humilham e ameaçam outras pessoas? Será mesmo?

O Brasil assegurou a liberdade de expressão na Constituição Federal de 1988 (CF). É disso que trata o inciso IX do artigo 5º da CF quando afirma que:

> é livre a expressão da atividade intelectual, artística, científica e de comunicação, independentemente de censura ou licença.

As pessoas podem se expressar livremente sobre aquilo que quiserem, sem necessidade de pedir autorização prévia para manifestar ideias, como havia no tempo da ditadura militar. Aliás, outro conceito importante: a existência de autorização prévia para manifestar ideias ou conteúdos era o que caracterizava a censura.

O mesmo artigo 5º da CF diz, em seu inciso IV, que "é livre a manifestação do pensamento, sendo vedado o anonimato". Vedar o anonimato é a maneira encontrada para fazer que quem escreve, externa, gesticula determinado conteúdo/opinião seja responsável por ele. Além do dever explícito da responsabilidade, os constituintes também declararam no inciso X do mesmo artigo 5º que "são invioláveis a intimidade, a vida privada, a honra e a

A LIBERDADE DE EXPRESSÃO É UM DIREITO FUNDAMENTAL, ESTRUTURANTE DO ESTADO BRASILEIRO, MAS NÃO É UM DIREITO ABSOLUTO.

imagem das pessoas, assegurado o direito a indenização pelo dano material ou moral decorrente de sua violação". Ou seja, a liberdade de expressão é um direito fundamental, estruturante do Estado brasileiro, mas não é um direito absoluto.

É importante entender sobre liberdade de expressão justamente porque o discurso de ódio se situa num equilíbrio delicado entre direitos e princípios fundamentais, incluindo a liberdade de expressão e a defesa da dignidade humana, como afirma a SaferNet Brasil, organização referência no enfrentamento aos crimes e violações aos direitos humanos na internet. Mesmo que a definição de discurso de ódio seja aplicada a partir de cada caso concreto, levando em conta leis nacionais, tratados internacionais e termos de uso das plataformas, podemos defini-lo como manifestações que fomentam o ódio contra determinados grupos sociais baseadas em raça, etnia, gênero, orientação sexual, religião ou origem nacional.

O discurso de ódio, exposto de maneira mais nítida ou mais sutil, aprofunda preconceitos contra grupos específicos e, hoje em dia, é impossível dissociá-lo da fábrica de desinformação, explorando preconceitos e construindo uma reação moral que naturaliza a raiva contra quem é, na verdade, vítima.

PEQUENO DICIONÁRIO AUXILIAR

Algoritmo

O dicionário de Oxford nos diz que, para a matemática, o algoritmo é uma sequência finita de regras, raciocínios ou operações que, aplicada a um número finito de dados, permite solucionar classes semelhantes de problemas. Já para a informática, é um conjunto de regras e procedimentos lógicos perfeitamente definidos que levam à solução de um problema em um número finito de etapas. Já os algoritmos das redes sociais funcionam como robôs que identificam quais publicações devem ser entregues com qual intensidade. São eles que decidem o grau de importância de cada conteúdo para cada pessoa, organizando, assim, a ordem em que cada um receberá os conteúdos. É aqui que reside a razão pela qual esse conceito nos interessa. Se nossas vidas estão conectadas o tempo todo nas redes sociais e essas redes têm algoritmos que definem o que devemos ver mais ou menos, quanto sabemos sobre o que governa parte de nossa existência? A plataforma Twitter, por exemplo, em pesquisa descritiva realizada em 2021, aponta que o seu algoritmo favoreceu discursos de políticos de direita. O Facebook se viu envolvido num escândalo quando uma ex-funcionária acusou a empresa de garantir seus lucros abrindo mão da segurança dos usuários e, ao que tudo indica, parece não enfrentar o tema de que seu algoritmo favorece discursos de ódio porque esses geram mais interações. Ou seja, o algoritmo não age de maneira neutra. E isso tem impacto direto na vida de todo mundo. ■

Bots

O termo é a abreviatura de *robot*, robô em inglês, e simula ações humanas repetidas vezes de forma padronizada. Esses perfis podem fazer, de maneira automatizada, tudo aquilo que perfis de seres humanos são capazes de fazer nas redes: seguir, comentar etc. São amplamente usados em campanhas de desinformação para dar a impressão de apoio a determinadas narrativas. A expressão também pode ser usada para referir-se a robôs que fazem atendimento virtual em sites de lojas e serviços. Esses são chamados de *chatbots*. ■

Viés de confirmação

Ocorre quando a pessoa busca informações para reforçar suas opiniões, ou seja, a seleção de informação é dirigida para legitimar sua crença pessoal. ■

Clickbait ou caça-cliques

Estratégia utilizada na internet para gerar tráfego on-line a partir de conteúdos enganosos ou sensacionalistas. ■

Plataformas (digitais)

Empresas que fornecem a base de hardware e software para outras pessoas operarem, isto é, um modelo de negócio que conecta produtores e consumidores, criando valor de troca. As plataformas mais comuns são Google, Facebook, Twitter e Instagram. ■

Moderação de conteúdo na internet

O termo moderação de conteúdo é utilizado legalmente de maneira bastante ampla no Brasil, sendo relacionado a temas como o uso indevido de direitos autorais e até a propagação de discurso de ódio ou desinformação. Em síntese, é o conjunto de regras e mecanismos (legais ou infralegais) de governança para a participação em uma plataforma, isto é, os padrões para o gerenciamento do conteúdo produzido pelos usuários. ■

Agência de checagem

Espaço de verificação/checagem da veracidade ou não de notícias e demais conteúdos de internet. ■

Metaverso

Palavra que começou a ser muito utilizada em 2021 e que significa a promessa de digitalização de nossas vidas, sem distinção entre realidade física e realidade virtual. ■

Exposed

Vem de expor, em inglês. Prática de tornar públicas provas de que alguém cometeu algum tipo de violência/assédio na internet. ■

Pornografia de vingança

Prática criminosa que consiste no compartilhamento de imagens ou vídeos íntimos na internet com a intenção de constranger ou causar dano. O conteúdo pode ter sido produzido com ou sem o consentimento da vítima e até mesmo por ela própria, como, por exemplo, no caso dos *nudes* (imagens em que a pessoa fotografa a si mesma nua). Ter enviado uma imagem ou vídeo para alguém não autoriza seu compartilhamento. ■

NA INTERNET

David Nemer
🐦 DavidNemer

Instituto E se fosse você?
📷 institutoesefossevoce

Caio Machado
🐦 caiocvm

Instituto Vero
📷 veroinstituto

Fabio Malini
🐦 fabiomalini

Safernet
📷 safernetbr

Renata Mielli
🐦 renatamielli

OUTRAS LEITURAS

Os engenheiros do caos:
como as fake news, as teorias da conspiração
e os algoritmos estão sendo utilizados para
disseminar ódio, medo e influenciar eleições
Giuliano da Empoli

Rede de mentiras e ódio — E se o alvo fosse você?:
Relatos da violência promovida pelas redes de ódio,
preconceitos e fake news
Coletânea organizada por mim, com dez
autoras e autores que têm suas vidas
marcadas pelas *fake news*

Tudo o que você precisou desaprender
para virar um idiota
Meteoro Brasil

SUAS PALAVRAS

Anota aqui outras dicas, pessoas que tu segue, livros que tu estás lendo, artigos que mudaram o teu jeito de pensar. Vamos construir nosso próprio centro de informações. Aliás, compartilha a foto das tuas anotações usando a **#somosaspalavras**

....
....
....
....
....
....
....
....
....
....
....
....
....
....
....
....

FEMI

IISMO

Dia da mulher?

77,7%
do salário dos homens é quanto as mulheres recebem pelo mesmo trabalho.

44,4%
do salário dos homens brancos é quanto recebem as mulheres pretas pelo mesmo trabalho.

Embora exista um debate histórico sobre as razões da escolha do 8 de março como o Dia Internacional da Mulher, não há nenhuma dúvida de essa ser uma data proposta como marco da luta das mulheres em defesa de seus direitos, e não uma mera celebração de virtudes femininas, com promoções de maquiagem e buquês de flores.

Do ponto de vista histórico, sabemos que, em 1910, durante uma reunião da II Internacional Socialista em Copenhagen, Dinamarca, Clara Zetkin propôs a criação de um Dia Internacional das Mulheres (sem data prevista), como espaço de luta pelo direito ao voto e por questões relacionadas ao mundo do trabalho. Clara era militante operária, membro do Partido Comunista Alemão, e foi, inclusive, deputada.

Apesar de muito conhecida, não existe nenhuma comprovação histórica da versão que nos conta que, em 1857, 129 operárias entraram em greve e foram trancadas em um galpão incendiado propositalmente, fazendo com que morressem carbonizadas. Mas, em 25 de março de 1911, 125 mulheres morreram num incêndio na fábrica têxtil Triangle Shirtwaist Company, em Nova York. Em 8 de março de 1917, em Petrogrado, na Rússia, operárias da tecelagem e costureiras marcharam por pão e paz. Elas haviam entrado em greve no dia 23 de fevereiro daquele ano. Para muitos, essa mobilização foi o estopim do movimento que dá início à primeira fase da Revolução Russa.

Já a Organização das Nações Unidas (ONU) entra na história somente em 1975, ano em que oficializa o 8 de março como o "Dia Internacional de Luta das Mulheres".

A partir da leitura de todos esses fatos históricos, podemos ter certeza de que o 8 de março é fruto de diversas ações de mulheres em luta contra a desigualdade no mundo do trabalho e em defesa de seus direitos. E, por isso, não é uma data festiva — embora sempre tenhamos razões para celebrar nossa vida —, mas uma data de luta. E é por essa razão que decidi falar sobre o 8M aqui. Não que a data seja um verbete, longe disso. Mas a razão para a existência dela são os conceitos que veremos a seguir.

Afinal, o que justifica a existência de uma data para as mulheres, e não para os homens, como provocam na internet?

O que justifica é a realidade. Uma realidade em que mulheres vivem em condições muito desiguais às dos homens, no mundo todo e ainda mais no Brasil. Segundo o Relatório Global de Desigualdade de Gênero de 2021,[1] do Fórum Econômico de Davos, entre 156 países, ocupamos a 93ª posição no ranking de pari-

---

1. Global Gender Gap Report 2021 (Relatório Global de Desigualdade de Gênero), do Fórum Econômico de Davos, março de 2021.

54,6%
das mulheres com filhos de até 3 anos estão no mercado de trabalho, enquanto

89,2%
dos pais de crianças de até 3 anos registraram nível de ocupação.

MENOS DE 50%
das mulheres pretas e pardas com crianças de até 3 anos declaram o mesmo.

dade de gênero.² O Mapa Mulheres na Política de 2022, produzido pela ONU, revela que o Brasil ocupa a 142ª posição entre 188 países no ranking de representação feminina no parlamento.

Inclusive, eu tento fugir dos números, mas eles respondem com a materialidade necessária a essa pergunta.

Essa realidade de desigualdade é evidenciada nas relações de trabalho. Segundo levantamento do IBGE de 2019,³ as mulheres recebem 77,7% do salário dos homens pelo mesmo trabalho. Mas esse dado assustador esconde um abismo ainda maior: as mulheres pretas e pardas recebem 44,4% do salário dos homens brancos, ou seja, menos da metade. Numa pirâmide, os homens brancos ocupariam o topo, seguidos pelas mulheres brancas. Depois, homens pretos e pardos e, ao fim, mulheres pretas e pardas.

Quando olhamos os dados relacionados à presença de crianças na vida familiar, temos outra revelação sobre as razões pelas quais as mulheres ainda lutam: se 67,2% das mulheres com idade entre 25 e 49 anos e sem filhos têm alguma ocupação, apenas 54,6% das mulheres com filhos de até 3 anos estão no mercado de trabalho.

Quando trazemos o recorte racial, sabemos que as mulheres pretas ou pardas com crianças de até 3 anos apresentaram os menores níveis de ocupação, inferiores a 50%, enquanto as brancas registraram um percentual de 62,6%.

---

2. Women in Politics: 2021. Produzido por ONU Mulheres, janeiro de 2021.

3. Estatísticas de Gênero — Indicadores Sociais das Mulheres no Brasil. 2. ed. Brasil: IBGE, 2021.

NÃO SOMOS UMA MASSA UNIFORME DE MULHERES, APESAR DAS DIFERENÇAS, TEMOS LUTAS EM COMUM.

A situação geral é oposta quando falamos em homens: os que são pais de crianças de até 3 anos registraram nível de ocupação de 89,2%, superior aos 83,4% dos que não têm crianças nessa idade.

E respira fundo que agora vamos falar sobre trabalho doméstico: nessa pesquisa de 2019, as informações já nos mostravam que as mulheres trabalhavam quase o dobro que os homens dentro de casa (21,4 horas semanais contra 11). Imaginem a realidade atual, com a pandemia de covid-19, período em que 50% das mulheres passaram a se responsabilizar pelo cuidado de alguém. Para aquelas que cuidam de crianças, a necessidade de monitoramento dentro do domicílio aumentou 72%.

Acho que não preciso de mais nenhuma informação para te responder por que não existe um dia do homem e existe um Dia Internacional da Mulher, né?

Feminista, eu. E você.

Dentro do movimento feminista, não somos todas iguais. Existem mulheres, assim como eu, que são marxistas e feministas, outras que são, por exemplo, liberais e feministas. É importante que a gente valorize e reconheça que não somos uma massa uniforme de mulheres, mas que temos, sim, lutas em comum, apesar das diferenças.

E tudo bem. Se os homens têm diferenças entre si, por que mesmo não poderíamos ter?

Quando indiquei a leitura do livro *Contra o feminismo branco*, de Rafia Zakaria, recebi centenas de críticas por estar, supostamente, criando uma divisão dentro do feminismo. Muitas mulheres, brancas como eu, se sentiram ofendidas. A divisão não é criada por mim ou por Rafia. Ela é histórica e estrutural. Não falar sobre ela, silenciá-la, é ser cúmplice de sua perpetuação. O que Rafia chama de feminismo branco (o livro não é contra mulheres brancas serem feministas) é justamente o feminismo que cria uma mulher universal e, portanto, apaga as diferenças. Esse feminismo que valida uma estrutura em que mulheres brancas são capazes de falar por todas as mulheres. Então as mulheres brancas devem pegar sua viola e colocar no saco, isto é, devem abandonar o feminismo? Claro que não! Nós, as mulheres brancas, temos que assumir o compromisso com um feminismo que reconheça e articule essas questões.

Para mim, essa é a relevância da ideia de feminismo interseccional. A desigualdade atinge a todas as mulheres, mas atinge de maneira muito mais marcada as mulheres racializadas. É por isso que acredito ser equivocado pensar em um feminismo generalizante, que pasteurize, universalize a todas as mulheres.

Mas o que é, afinal, interseccionalidade?

Há muitas décadas, o movimento de mulheres negras apresenta a questão racial como central e estruturante das opressões. Em 1981, Angela Davis escreveu *Mulheres, raça e classe*, uma obra essencial no movimento. No Brasil, Lélia Gonzalez falava e formulava sobre a situação específica da mulher negra. Em 1989, Kimberlé Crenshaw apresentou e desenvolveu a teoria interseccional, que justamente trabalha com a sobreposição ou intersecção de identidades sociais, particularmente de identidades minoritárias, relacionando-se com as estruturas de opressão e discriminação.

> "NINGUÉM NASCE MULHER: TORNA-SE MULHER."

— **SIMONE DE BEAUVOIR**
no livro *O segundo sexo*.

Mulheres cuidam de crianças, lavam a roupa e cozinham. E por quê?

Por causa dos papéis sociais que atribuímos a mulheres e homens. Em 1949, em seu clássico *O segundo sexo*, Simone de Beauvoir estabelece a diferença entre sexo e gênero, afirmando que ser mulher ou homem não é um dado natural, mas performático e social, a partir dos padrões de ação que atribuímos a um determinado gênero. Por isso ela fala: não se nasce mulher, torna-se mulher. Ela não se refere ao sexo de nascimento, mas à ideia que temos do que é ser mulher. Quantas vezes você já ouviu que a mãe sabe naturalmente trocar as fraldas do bebê enquanto o pai não? Quantas vezes você ouviu que um menino não pode brincar de boneca e uma menina sim? O que essas informações em tese absolutamente distintas têm em comum? Não serão as meninas socializadas para cuidar de crianças com bonecas que são réplicas de bebês? Não é aí que desenvolvemos essa capacidade tida como inata?

Além de me trazerem a reflexão sobre as razões de o feminismo existir, além de reafirmarem a necessidade de um feminismo interseccional e de evidenciarem a desigualdade dos papéis de gênero, os números que sistematizei nas páginas 39 e 40 também me fazem refletir sobre a necessidade de pensarmos os temas relacionados aos cuidados de maneira mais central no movimento feminista.

Nem todas as mulheres são ou serão mães e temos que enfrentar essa ideia romantizada de maternidade que a associa a um único padrão de felicidade para as mulheres. Porém todas as mulheres cis são socialmente marcadas pela possibilidade de serem mães. Durante toda a vida fértil, a possibilidade da maternidade é um fantasma que ronda mulheres cis não só com a cobrança social (e muitas vezes familiar), mas também com expectativas estabelecidas pela ideia do que é a maternidade, em especial no Brasil. Qual é essa expectativa? A de que mulheres cuidam sozinhas de crianças.

Todas as vezes que afirmo que no Brasil as mulheres cuidam sozinhas de seus filhos, alguém me apresenta uma exceção. Vejam bem, eu não preciso que me apresentem porque convivo com uma: o Duca, pai de Laura e de Gui, divide completamente as responsabilidades de cuidados comigo. Mas eu tô falando da regra, pessoal, da maneira como a maioria — e não a minoria — vive. A realidade, afinal, não é apenas sobre nós.

O Brasil tem 11 milhões de mães solo.[4] Em 2021, 6,3% das crianças foram registradas sem o nome paterno[5] e, segundo o IBGE, esse número cresce todos os anos desde 2019. Segundo dados de 2018, tramitam nos Tribunais de Justiça cerca de 104 mil processos de cobrança de pensão,[6] o equivalente a 40% dos divórcios do país. Quando não criam sozinhas, cuidam sozinhas. Na pandemia, 320 mil crianças foram registradas sem o nome do pai,[7] um aumento de 30% em relação aos anos anteriores.

---

4. IBGE, 2021.
5. Quase 57 mil recém-nascidos foram registrados sem o nome do pai. *Agência Brasil*, maio de 2022.
6. PAINS, Clarissa; FERREIRA, Paula. Ao menos cem mil processos de cobrança de pensão alimentícia tramitam hoje no Brasil. *O Globo*, março de 2018.
7. Mais de 320 mil crianças no Brasil foram registradas sem o nome paterno durante a pandemia. *ARPEN Brasil*, abril de 2022.

11 MILHÕES
de mães no Brasil são solo.

3,3%
das crianças foram registradas em 2021 sem nome paterno.

Pode não ser a minha ou a tua realidade, mas é a de grande parte das brasileiras. É por isso que penso que devemos colocar os cuidados no centro. Socialmente espera-se que cuidemos primeiro de nossas crianças. Depois, de nossos pais e mães. Esses cuidados não são apenas manifestação de amor, como insistem em nos dizer. São trabalho, na maior parte das vezes não remunerado. Pensar em uma infraestrutura de cuidados talvez seja o que de mais impactante tenhamos que produzir para garantir a emancipação das mulheres. Vou me ater ao tema dos cuidados infantis de crianças de 0 a 3 anos, já que na página 39 falei sobre o desemprego de mulheres mães dessa faixa etária.

Apenas um terço (31%) das crianças de 0 a 3 anos estava em creche em 2019, sendo que apenas 17% dos municípios têm vagas em creches para metade das crianças dessa idade. A maioria dessas cidades está nas regiões Sul e Sudeste, e somente 3% das cidades do Norte alcançaram esse índice.[8]

Você percebe a conexão entre ausência de vagas e desemprego feminino?

---

8. BARBON, Júlia. Só um terço das crianças de até três anos está em creches. *Folha de S. Paulo*, junho de 2019.

PEQUENO DICIONÁRIO AUXILIAR

Movimentos identitários, identitarismo e identitários

Tem sido comum ouvir que o movimento feminista e o antirracista, por exemplo, são movimentos identitários. Alguns vão além e afirmam que esses movimentos são prejudiciais para os movimentos sociais ou para os movimentos de trabalhadores e trabalhadoras. Como você já leu nas páginas anteriores, sou contra essa caixa em que tentam colocar mulheres, homens negros e mulheres negras, fazendo com que nossas lutas pareçam restritas a questões simbólicas e culturais subjetivas, e não amplamente relacionadas com questões que estruturam as relações sociais e econômicas. Ou seja, tentam levar nossos temas para as margens, e não para o centro. Evidente que esses movimentos também se relacionam com a questão da identidade e que a identidade não é algo a ser menosprezado, visto que ela é imprescindível para garantir a ideia de pertencimento a um grupo.

Mas o que a acusação de identitarismo esconde é que quem nos acusa de identitários trabalha com um sujeito universal: homem, branco, heterossexual. E que, portanto, protege e reafirma as próprias identidades. Afinal, é impossível pensar o Brasil sem olhar o que representam as questões de raça e gênero na estruturação da desigualdade econômica. Outra acusação é que, ao ressaltarmos diferenças, estamos dividindo a classe trabalhadora ou que fazemos as lutas perderem força. Ora, isso é basicamente argumento dos que dizem que, ao falar de racismo, estamos dividindo a humanidade. Os trabalhadores não são iguais entre si. Nunca foram. Lá em 1917, durante a Revolução Russa, mulheres como Alexandra Kollontai já falavam, por exemplo, sobre a questão das vagas nas creches para a emancipação das mulheres e reconheciam que essa bandeira era fundamental para que mais mulheres se engajassem na luta revolucionária. Ou seja, não falar sobre a cruel desigualdade que atinge os negros, as negras e as mulheres não os aproxima de uma luta geral, mas os silencia. ■

Identidade de gênero

Identidade de gênero é a percepção que uma pessoa tem de si mesma como sendo do gênero masculino, feminino ou de alguma contribuição dos dois, independentemente do sexo atribuído no nascimento. ■

Mãe solo

Eu sei que às vezes tu escreves mãe solteira para te referir a mulheres que cuidam sozinhas de suas crianças. Mas eu quero que tu tentes usar o conceito de mãe solo para mulheres que vivem essa situação. Solteira é o estado civil de muitas mulheres. Elas podem cuidar sozinhas ou não de seus filhos. Mãe solo é aquela que responde sozinha pelo conjunto de responsabilidades dos cuidados da criança. ■

Ideologia de gênero

Pra começar a conversa, isso não existe. Pelo menos não existe aquilo que dizem ser ideologia de gênero. O que existe é uma expressão usada em tom pejorativo por aqueles que são contrários à ideia de que gênero é uma construção social e às ações que nós defendemos que existam no ambiente escolar, por exemplo, para garantir que as pessoas sejam respeitadas em suas identidades de gênero e orientações sexuais.

Aliás, nem sequer poderia ser uma ideologia, porque os debates sobre gênero não são ideologias, mas teorias. Como assim?

Ideologias são sistemas de ideias e ideais que fundamentam teorias. Nesse sentido, se existisse uma ideologia de gênero, ela seria aquela que coloca sinal de igualdade entre sexo e gênero, sacramentando a ideia da existência de apenas masculino x feminino. ∎

Dororidade

Vilma Piedade nos apresenta o conceito de dororidade em um livro que leva o mesmo nome. A ideia não é se contrapor à sororidade, mas buscar algo que contemple os elos entre mulheres negras. Dororidade é, portanto, a relação empática de mulheres negras ligadas por uma dor comum, causada pelo racismo. ∎

Sororidade

A Academia Brasileira de Letras mantém em seu site um espaço dedicado a novas palavras. Podem ser realmente novas ou terem se tornado populares. Sororidade está ali como "sentimento de irmandade, empatia, solidariedade e união entre as mulheres, por compartilharem uma identidade de gênero; conduta ou atitude que reflete este sentimento, especialmente em oposição a todas as formas de exclusão, opressão e violência contra as mulheres. [Do latim soror, 'irmã' + -(i)dade.]". Mas, se isso é sororidade, a pergunta que fica é se esse deve ser um sentimento tido como universal, capaz de silenciar as diferenças entre as mulheres. Eu acredito que não. De um lado, a sororidade se apresenta como sentimento que cria laços de respeito, escuta e afeto, capaz de enfrentar a cultura da inimizade entre mulheres. De outro, intersecções como classe, raça e orientação sexual seguem sendo fundamentais para a compreensão da realidade e, portanto, a universalização do conceito de sororidade não pode anulá-las, dando a entender que todas as mulheres são iguais, têm os mesmos interesses ou são atingidas pelas mesmas opressões. ■

Feminicídio

É como denominamos os assassinatos de mulheres cometidos em razão do fato de serem mulheres. O Brasil é o 5° país do mundo com maior número de feminicídios. ■

Feminismo negro

Quem não ouviu falar de Djamila Ribeiro? A filósofa é autora do livro *Quem tem medo do feminismo negro?* e de outros importantes títulos. Mas, apesar da grande discussão atual sobre o tema, o movimento com objetivo de dar visibilidade às pautas relacionadas aos direitos das mulheres negras surgiu no Brasil nos anos 1970. Além das pautas específicas, há também o objetivo de denunciar o racismo presente no movimento feminista, hegemonizado por mulheres brancas. São elementos fundamentais para o feminismo negro os conceitos de interseccionalidade e de desconstrução da ideia da existência de uma mulher universal. Feminismo decolonial é como chamamos uma corrente contra-hegemônica do feminismo, constituída nos países periféricos do capitalismo. A questão central é o reconhecimento da experiência colonial europeia como responsável pela maneira como é hierarquizado o conhecimento atual, econômico e intelectual, autorizando a falar, em nome de "toda a população do planeta" e sobre "a totalidade dos problemas do planeta", apenas intelectuais, pensadores ou acadêmicos dos países centrais, com suposta neutralidade e imparcialidade. O feminismo decolonial também tem como marcas a não fragmentação das opressões e a desconstrução da universalização do sujeito mulher. ■

Sexismo

Conjunto de atitudes, falas ou comportamentos que evidenciam a crença na superioridade do masculino ou do feminino, baseados no preconceito e na discriminação sexual. ■

Equidade e igualdade

Sempre opto por usar a palavra equidade em vez de igualdade para me referir à razão de luta das feministas. Por que e qual a diferença? Eu sei bem que na nossa rotina usamos ambas como sinônimos e está tudo bem. Não quero que vires uma fiscal de ti mesma ou de tuas pessoas queridas. Mas existem diferenças: a ideia de igualdade está baseada no tratamento igualitário a todas as pessoas, visando garantir as mesmas oportunidades a elas. Já o conceito de equidade reconhece as diferenças de todos os tipos que temos entre nós e pressupõe um tratamento adequado a essas diferenças para que todos tenhamos as mesmas oportunidades, segundo o Alto Comissariado das Nações Unidas para os Direitos Humanos (ACNUDH). ■

Orientação sexual

Refere-se ao sexo ou gênero pelo qual determinada pessoa sente atração emocional/sexual. ■

Patriarcado e patriarcal

É a sociedade baseada cultural, estrutural e socialmente numa hierarquia em que os homens, sobretudo o homem branco, cisgênero e heterossexual, e a masculinidade têm mais valor. ■

Pobreza menstrual

Em 2014, a ONU passou a tratar a pobreza menstrual, ou seja, a falta de informações sobre ciclo menstrual e menstruação, a ausência de rede de saneamento (água e esgoto) e a ausência de acesso aos itens de higiene menstrual, como problema de saúde pública e de direitos humanos. Segundo o SEMPRE LIVRE®, em parceria com o Instituto Kyra e Mosaiclab, estima-se que, no Brasil, 28% das mulheres de baixa renda sejam afetadas pela pobreza menstrual, o equivalente a 11,3 milhões de pessoas.

Há outro debate relacionado a esse. O uso da expressão "pessoas que menstruam" em vez de mulheres.

Veja bem, não há nenhum problema em usar a palavra mulher, pois a maioria das pessoas que menstruam são mulheres. Ocorre que homens trans, ou seja, homens que ao nascer foram designados do sexo feminino e não se identificam com ele, também menstruam. Portanto, o uso da expressão "pessoas que menstruam" tenta dar conta de todas as pessoas que ficam menstruadas. Assim como em outras situações, nos esforçamos para fazer da linguagem um elemento de inclusão, e não de apagamento. ■

Privilégio

Sei que muita gente se sente ofendida quando escuta que é privilegiada. Para essas pessoas, é como se estivéssemos dizendo que são uma personagem milionária de *Sex and the City* ou como se estivéssemos diminuindo todo o esforço feito ou todos os problemas que enfrentaram. Mas, na verdade, não é sobre isso. É sobre, estatisticamente, determinados grupos sociais terem menor vulnerabilidade do que outros. Privilégios existem somente em relação aos outros não terem as mesmas possibilidades, e eu entendo que eles podem ser individuais ou coletivos.

Esse debate tem relação com desigualdades estruturais, interseccionalidade e a falaciosa ideia da meritocracia. Afinal, o desenvolvimento de habilidades é dificultado ou facilitado por condições estruturais. Não há meritocracia alguma num país desigual como o nosso. Imagine duas crianças que desejam tocar violino e conseguem se matricular numa mesma escola, uma com bolsa, a outra sem. Uma das crianças acorda, toma café, sai de casa, de carro, e chega lá para tocar. A outra faz parte das 18,8 milhões de crianças de até 14 anos que passam fome todos os dias, caminha sessenta minutos numa comunidade tomada pela milícia e chega lá. O fato de a criança menos vulnerável ter estudado e se dedicado muito para se tornar uma exímia violinista não apaga os privilégios dela diante da outra criança. ∎

> "OS LIMITES DA MINHA LINGUAGEM SIGNIFICAM OS LIMITES DO MEU MUNDO."

— LUDWIG WITTGENSTEIN
no livro *Tractatus Logico-Philosophicus*.

Misoginia

Repulsa, ódio ou aversão profundos, evidenciados a partir de atos de violência verbal, simbólica, física, psicológica, sexual, moral, a tudo que representa as mulheres e o feminino. Qual a diferença entre misoginia e machismo? É evidente que esses conceitos, assim como o de sexismo, estão relacionados entre si. Ocorre que, se a misoginia é a forte aversão, repulsa e ódio ao feminino, o machismo é a crença na superioridade do homem sobre a mulher.

É impossível um misógino não ser machista, já que o machismo é a forma de ele manifestar seu ódio, mas é possível que um machista, aquele teu amigo que ainda acha graça de piada idiota, não seja um misógino. ∎

Misandria

Muita gente acredita que os conceitos de machismo e feminismo são opostos. É comum lermos na internet que, se o machismo é ruim, o feminismo também é. A gente sabe que isso não é verdade, já que o machismo acredita na superioridade dos homens com relação às mulheres e o feminismo acredita na igualdade entre mulheres e homens. Mas existe, sim, o termo oposto à misoginia, e esse termo é misandria. Misandria é o nome dado à aversão, desprezo ou ódio aos homens. Mulheres que odeiam homens são chamadas de misândricas. ∎

Linguagem inclusiva e linguagem neutra

"Os limites da minha linguagem significam os limites do meu mundo", afirmava o filósofo austríaco Ludwig Wittgenstein. O uso da linguagem expressa a maneira como vemos o mundo e, justamente por isso, é tão importante nos tornarmos conscientes disso e, se quisermos expressar melhor nossa visão de mundo, nos adaptarmos ao uso da linguagem inclusiva e/ou neutra.

A linguagem inclusiva, não sexista ou não binária busca superar a ideia do uso do masculino como universal, enfrentando relações não equitativas de gênero através da linguagem oral e escrita, fazendo mulheres e homens se tornarem visíveis. Em alguns espaços, há o uso da linguagem chamada de feminino universal, como forma de evidenciar o uso excludente, sexista e discriminatório da linguagem.

Para compreender seu uso, devemos, primeiro, compreender o que significa gênero, a ideia de gênero binário e o conceito de gênero não binário. A gente não pensa muito nisso, mas nem todas as línguas são iguais. Nos damos conta disso quando estamos estudando alguma e tentamos traduzir do português para ela, né? Alguns idiomas, como o finlandês, não dispõem dos chamados marcadores de gênero nos pronomes pessoais nem nos substantivos. Em outras, como o inglês, substantivos, artigos, adjetivos e pronomes no geral são palavras únicas e há apenas pronomes pessoais marcados. O português, o espanhol e outras línguas oriundas do latim têm marcadores de gênero muito fortes.

Em 2015, a Suécia adicionou um pronome neutro de terceira pessoa por uma autoridade institucional. O pronome *Hen* pode ser usado para qualquer pessoa, independentemente da identificação de sexo ou de gênero.

O movimento — não apenas brasileiro, como pensam alguns — que defende o uso da linguagem neutra quer dar visibilidade a pessoas que não se reconhecem dentro da binaridade de gênero. Não apenas para que se sintam representadas na linguagem, mas também para evidenciar suas exclusões permanentes de nossa sociedade.

Muita gente usa símbolos para tentar incluir na linguagem, sabe? Mas o uso da @ ou do X não é adequado, e sim o uso da vogal 'e'. Explico os porquês. Primeiro, porque símbolos não podem ser transpostos para a linguagem oral, ou seja, não podem ser falados. Além disso, os softwares de leitura de texto e tela, que ajudam pessoas que necessitam de tecnologias assistivas, não conseguem, em geral, compreender o que o X significa.

No *Manifesto ILE para uma comunicação radicalmente inclusiva*, criado por Andrea Zanella, psicóloga, e Pri Bertucci, CEO da [Diversity BBox], além de acalmar teu coração, lendo que a linguagem neutra está em desenvolvimento e ninguém sabe tudo, você vai também encontrar o esforço das autoras para criar um pronome neutro na língua portuguesa. Muita gente que é contrária ao uso da linguagem neutra alega que a origem latina da palavra é que a marca tão fortemente, certo? Então, estudando latim, elas chegaram ao pronome "ile". Olha só o que elas dizem:

Tomando como referência um dos pronomes demonstrativos neutros do latim ("illud"), consideramos que foneticamente a letra "i" no início do pronome poderia dar a sensação de neutralidade ao "ILE". Como todo exercício de escrita, leitura e escuta envolve o uso da letra E nas palavras para que se tornem neutras, como nos exemplos "cansade", "animade", "incluíde", então o uso do E no final do pronome é o mais adequado. O pronome ILE é o único que apresenta menos problemas gramaticais e na pronúncia, na escuta, na escrita, e na identificação visual, cria-se semelhança entre EU, TU, ILE.

Ficou com dúvida? Pergunta pra pessoa qual pronome é o adequado para se referir a ela. Muitas pessoas já adotam, por exemplo, em seus e-mails e perfis de redes sociais, o uso do pronome com que se identificam, por exemplo: Manuela d'Ávila — ela/dela. ■

Violência política de gênero

Concorri pela primeira vez a um cargo público em 2004. Vivi e denunciei muitas situações de machismo e me calei diante de outras tantas. Naquele tempo — tão longínquo —, não existia a expressão "violência política de gênero". Com essa expressão, entendi o significado profundo de dar nome às coisas e o poder libertador que esses nomes têm em nossas vidas. Não por nada, organizei e escrevi junto com outras catorze mulheres extraordinárias um livro inteiro sobre o tema. Mas, afinal, o que é violência política de gênero? A violência política de gênero pode ser entendida como um conjunto de agressões simbólicas, psicológicas, físicas, econômicas ou sexuais contra a mulher, com o objetivo de constranger, restringir ou impedir sua participação eleitoral ou o exercício de atividades públicas. Desde 2021, a violência política de gênero é considerada crime no Brasil. ■

NA INTERNET

Joice Berth
- joiceberth
- BertJoi

Marcia Tiburi
- marciatiburi

Djamila Ribeiro
- djamilaribeiro1

Carla Akotirene
- carlaakotirene

Debora Diniz
- debora_d_diniz

Ana Prestes
- anaprestes
- anaprestesdf

Renata Corrêa
- renatacorrea
- recorrea

Revista AzMina
- revistaazmina

Think Olga
- think.olga
- ThinkOlga

Planeta Ella
- planetaella

PARA LER COM AS CRIANÇAS

Mirela e o Dia Internacional da Mulher
Ana Prestes

Coleção Antiprincesas
Nadia Fink e Pitu Saá

Coleção A revolução das princesas
Plan International

OUTRAS LEITURAS

**Feminismo em comum:
Para todas, todes e todos**
Marcia Tiburi

O feminismo é para todo mundo
bell hooks

**A revolução das mulheres:
emancipação feminina na Rússia soviética:
artigos, atas, panfletos, ensaios**
Graziela Schneider Urso (org.)

**Feminismo para os 99%:
um manifesto**
Cinzia Arruzza, Tithi Bhattacharya
e Nancy Fraser

Mulheres, raça e classe
Angela Davis

O patriarcado do salário
Silvia Federici

**Por que lutamos:
Um livro sobre amor e liberdade**
Manuela d'Ávila

**Sempre foi sobre nós: relatos
da violência política de gênero no Brasil**
Manuela d'Ávila (org.)

SUAS PALAVRAS

Anota aqui outras dicas, pessoas que tu segue, livros que tu estás lendo, artigos que mudaram o teu jeito de pensar. Vamos construir nosso próprio centro de informações. Aliás, compartilha a foto das tuas anotações usando a **#somosaspalavras**

....
....
....
....
....
....
....
....
....
....
....
....
....
....
....
....
....

LGBT

QIAP+?

Por que esta sigla está crescendo?

32 ANOS

é a média de vida de uma pessoa trans no Brasil.

Quem aí não ouviu uma pessoa — em geral heterossexual, como eu — se referir à sigla LGBTQIAP+ com as letras erradas ou com menos letras? As pessoas com mais de 60 anos lembram que, nos anos 1990, a sigla era GLS (gays, lésbicas e simpatizantes). Boate GLS, parada GLS. Com o tempo, a sigla migrou para LGBT, com a letra B, que dá visibilidade para as pessoas bissexuais, e T, que identifica as pessoas trans e não se refere a uma orientação sexual, mas à identidade de gênero. Agora, a sigla correta é LGBTQIAP+. Mas, afinal, o que significa cada letra?

LÉSBICAS
Mulheres atraídas sexual/afetivamente pelo mesmo gênero, ou seja, por mulheres.

GAYS
Homens atraídos sexual/afetivamente pelo mesmo gênero, isto é, por homens.

BISSEXUAIS
São os homens e as mulheres que sentem atração afetiva e sexual pelos gêneros masculino e feminino.

TRANSGÊNEROS

O T refere-se a uma identidade de gênero, e não a uma orientação sexual, como as letras anteriores. As pessoas trans podem ser transgêneros (mulher ou homem), travestis (identidade feminina) ou pessoas não binárias, que não se sentem contempladas com a divisão homem-mulher.

QUEER
Pessoas com gênero queer transitam entre os gêneros, como as drag queens.

INTERSEXUAIS
Pessoas intersexuais estão entre o feminino e o masculino. Seu desenvolvimento corporal e suas combinações biológicas não se enquadram na binaridade masculino e feminino.

ASSEXUAIS
São pessoas que sentem pouca ou nenhuma atração por outras, independentemente do gênero.

PANSEXUAIS
Quem sente atração física, desejo sexual e amor por pessoas de todos os gêneros ou orientações sexuais.

> **O SINAL +**
> O sinal + busca incluir outras identidades de gênero e orientações sexuais que não se encaixam no padrão cis-heteronormativo.

Eu sei que a gente demora para se acostumar com as letras. Mas a sigla faz com que muitas pessoas possam se sentir — finalmente — respeitadas e visíveis. E não é exatamente isso que a gente quer?

SUAS PALAVRAS

Anota aqui outras dicas, pessoas que tu segue, livros que tu estás lendo, artigos que mudaram o teu jeito de pensar. Vamos construir nosso próprio centro de informações. Aliás, compartilha a foto das tuas anotações usando a **#somosaspalavras**

....
....
....
....
....
....
....
....
....
....
....
....
....
....
....
....
....
....

Como nosso país pode deixar de ser essa máquina de machucar emocionalmente ou matar pessoas LGBTQIAP+?

No Brasil, temos 22 casos de violência contra a população LGBTQIAP+ por dia, quase uma notificação por hora.[1] Mais da metade deles é cometida contra pessoas negras. Além disso, como sabemos, o Brasil é o país que mais mata pessoas trans no mundo. A cada dez pessoas trans mortas no mundo, quatro são mortas aqui.[2]

Uma pesquisa com base em dados do SUS confirma a dimensão da violência contra pessoas trans: de todas as vítimas LGBTQIAP+, 46% eram transexuais ou travestis.[3] Entre os 57% de pessoas homossexuais, 32% eram lésbicas e 25%, gays. Esses dados evidenciam como raça e gênero estão em todas as dimensões das opressões em nosso país, né? Além disso, reforçam a necessidade de termos políticas sérias de enfrentamento ao preconceito.

Vale ressaltar que só em 2019 o Supremo Tribunal Federal criminalizou a homofobia. Na ausência de marco legal aprovado pelo Congresso Nacional, enquadrou transfobia e homofobia no crime de racismo. E a luta por uma cidadania plena assustou muito mais ao parlamento

---

1. Levantamento da Fundação Oswaldo Cruz (Fiocruz), de secretarias de Atenção Primária à Saúde e de Vigilância em Saúde do Ministério da Saúde, do Instituto Federal do Rio Grande do Sul (IFRS) e da Universidade Federal do Rio Grande do Sul (UFRGS), 2019.
2. Os dados são do projeto Transrespect versus Transphobia Worldwide (TvT) da ONG Transgender Europe (TGEU).
3. PINTO, Isabella Vitral et al. Perfil das notificações de violências em lésbicas, gays, bissexuais, travestis e transexuais registradas no Sistema de Informação de Agravos de Notificação, Brasil, 2015 a 2017. *Revista Brasileira de Epidemiologia* [on-line], 2020. v. 23, Suppl. 01.

22
casos de violência contra a população LGBTQIAP+ são registrados no Brasil por dia, quase 1 por hora.

46%
das vítimas de violência atendidas pelo SUS eram transexuais ou travestis.

conservador do que a defesa da criminalização. Afinal, ninguém se considera um criminoso, mas quase todos acreditam ter o direito de tratar LGBTs como cidadãos de segunda classe.

É isso, esse preconceito tão profundo, que precisamos enfrentar para que não enterremos mais tantas pessoas mortas pelo ódio. Mulheres mortas por serem mulheres, negras e negros executados pela ação do Estado, LGBTs torturados barbaramente.

Por isso, defendemos uma educação para a diversidade na escola. Mas o que é educar para a diversidade? É educar para o respeito a todas as pessoas do ambiente escolar, independentemente de raça, identidade de gênero, orientação sexual, crença etc.

Tu deves estar pensando: mas isso todo mundo defende! E eu te digo que não. Na prática, não. Quem não lembra da **fake news** sobre o kit gay ou da fatídica invenção da ideologia de gênero? Segundo a fábrica de *fake news*, o kit gay seria um material educativo para ensinar as crianças a serem gays (como se isso fosse possível). Na realidade, o que existe é um material didático que fala sobre a existência de outras orientações e identidades. Ou seja, informação para que deixemos de ser o país em que 82% das pessoas trans evadem do sistema escolar.[4] Porque a escola para a diversidade é a escola que enfrenta os preconceitos e, com isso, o ódio.

---

4. Os dados são do projeto Transrespect versus Transphobia Worldwide (TvT) da ONG Transgender Europe (TGEU).

PEQUENO DICIONÁRIO AUXILIAR

Homofobia

É a aversão, repugnância, ódio, preconceito contra os homossexuais. Convencionou-se usar homofobia quando esse sentimento é dirigido a toda a população LGBT, mas, na realidade, é correto usar lesbofobia (contra lésbicas) e transfobia (contra pessoas trans), por exemplo, de acordo com o grupo atingido. ■

Homens e mulheres cisgênero (pessoas cis)

Pessoas que se identificam em todos os sentidos com o gênero conferido a elas no nascimento. Um homem cisgênero é uma pessoa nascida com o órgão sexual masculino, que se expressa conforme o papel de gênero estabelecido socialmente e se reconhece como homem. Uma mulher cis nasceu com o órgão sexual feminino e se identifica com o órgão sexual feminino. ■

Pessoas não binárias

A expressão não binário refere-se àquelas pessoas que não se sentem pertencentes a um gênero exclusivamente, ou seja, suas identidades não são limitadas ao masculino e feminino. ■

Transfobia

A transfobia, como podemos deduzir, é o ódio, aversão, repulsa e preconceito contra a população trans. Nos últimos anos, muitas mulheres (algumas com bastante visibilidade, como J.K. Rowling e Naomi Wolf) foram acusadas de transfóbicas. Eu, particularmente, tenho lido em minhas redes sociais comentários seríssimos e quero puxar uma conversa contigo sobre a relação do movimento de mulheres/feminista com a população trans. Nos últimos anos, no Brasil e em outros países, vemos o crescimento de um feminismo antitrans ou trans-excludente. Recebo mensagens dizendo que "eu abandonei as mulheres à ameaça da violência de homens disfarçados de mulheres", que "querem que tenhamos vergonha de nosso útero" etc. A Associação Nacional de Travestis e Transexuais do Brasil (Antra), em seu dossiê sobre violência, traz uma pesquisa sobre a violência contra pessoas trans na internet. Com performance mais evidente, estão os grupos bolsonaristas e as feministas antitrans. Confesso para você que fiquei muito chocada quando isso começou a pipocar em perfis de mulheres que eu acompanho. Levei um tempo digerindo.

Recentemente li um artigo de Bruna G. Benevides chamado "A epidemia crescente de transfobia nos feminismos". Eu sugiro que tu o leias inteiro, porque ela enfrenta muitas questões importantes; mais do que isso, sugiro que leias outros textos da mesma autora que estão por ali. Bruna afirma que o problema central dos feminismos que excluem pessoas trans é a ideia de que todas as mulheres cisgênero vivem a opressão de gênero da mesma maneira, independentemente de sua raça ou classe social, pois essa opressão seria originada em seu sexo biológico, isto é, no sistema sexo-gênero, aquele em que o gênero é informado a partir do genital. Nesse sentido, a vagina seria a raiz da violência. Como já mencionei aqui no livro, essa ideia de uma mulher universal é denunciada há décadas por mulheres feministas negras ou lésbicas.

O que escuto mais fortemente — dentro do movimento feminista trans-excludente — é sobre um virtual apagamento dos direitos das mulheres para a inclusão das mulheres trans, ou seja, nascidas biologicamente homens. Há também a ideia, lembra Bruna, de que essas mulheres escolheram "virar mulher" e que, portanto, a violência que sofrem ocorre por uma espécie de decisão consciente de transformarem-se em mulheres, se colocando como aquilo que não são, isto é, mulheres, enquanto as mulheres cis sofreriam essa violência de forma involuntária. Pra atestar, dados de casos isolados são transformados em estatísticas supostamente relevantes, e isso amplia a violência.

Como você já sabe, acredito num feminismo marxista, emancipacionista, interseccional. Não acredito que a origem de nossas opressões está na vagina, mas na maneira como é construída social e culturalmente a ideia do que é ser mulher e de "qual lugar a mulher deve ocupar". Nós mulheres vivemos em permanente ameaça? Sim. Fazem que odiemos nosso corpo? Sim. A responsabilidade disso é das pessoas trans? Evidente que não! Imaginar que uma parcela da população que não ocupa espaços de poder pode ser responsável por uma opressão estrutural é como imaginar que negros praticam racismo contra brancos.

Se questione. Questione como uma população que vive em média 32 anos em nosso país pode ser central na aniquilação das mulheres cis. Quando a liberdade é fruto da exclusão, ela não me serve. Eu quero a emancipação da humanidade toda e sou parceira das mulheres trans. E você? ■

Heteronormatividade

O termo foi criado em 1991 pelo teórico norte-americano Michael Warner e caracteriza um sistema que exige que todas as pessoas — independentemente de suas identidades de gênero e orientações sexuais — vivam suas vidas conforme o modelo da heterossexualidade. ■

NA INTERNET

Jean Wyllys
🐦 📷 jeanwyllys_real

Dani Balbi
🐦 danielibalbi
📷 danieli.balbi

Erika Hilton
🐦 ErikakHilton
📷 hilton_erika

Majur
🐦 📷 Majur

Milly Lacombe
🐦 millylacombe
📷 mlacombe

Monica Benicio
🐦 monica_benicio
📷 monicaterezabenicio

Daiana Santos
🐦 📷 daianasantospoa

Valeria Barcelos
📷 valeriabarcellosoficial
🐦 transradioativa

Duda Salabert
🐦 DudaSalabert
📷 duda_salabert

Dimitra Vulcana
🐦 DimitraVulcana
📷 dimitravulcana

Amara Moira
🐦 📷 amoiramara

Renata Carvalho
📷 renatacarvalhooficial

OUTRAS LEITURAS

Manifesto ILE para uma comunicação radicalmente inclusiva
Andrea Zanella e
Pri Bertucci

Guia todxs nós

Manual para o uso não sexista da linguagem

Amora
Natalia Borges Polesso

O parque das irmãs magníficas
Camila Sosa Villada

Contra a moral e os bons costumes
Renan Quinalha

Transfeminismo
Letícia Nascimento

PARA LER COM AS CRIANÇAS

Julián é uma sereia
Jessica Love

RACISMO

Qual é o seu papel na luta antirracista?

Estima-se que,
dos aproximadamente

12 MILHÕES

de africanos levados
como escravizados,

5 MILHÕES

chegaram ao Brasil.
Esse número é mais de dez vezes
superior ao norte-americano.

Muitas pessoas falam com mais conhecimento e legitimidade sobre racismo do que eu. Ocorre que Angela Davis já nos ensina que numa sociedade racista como a nossa não basta não ser racista. É preciso ser antirracista. Então, decidi escrever a partir dos ensinamentos que homens e mulheres negras, sobretudo brasileiros, têm disponibilizado para todas as pessoas e que servem também para pessoas brancas, como eu, que tentam entender mais para tornarem-se aliadas. Eu e muitas outras pessoas brancas já nos fizemos a pergunta clássica sobre "qual é o nosso papel na luta antirracista?". A resposta, aprendi, é nos reconhecermos como parte do problema e nos somarmos ao desmascaramento daquilo que é estrutural e, portanto, naturalizado. Não como porta-vozes, é evidente, mas como amplificadores das vozes legítimas das mulheres e dos homens que vivem cotidianamente as consequências do sistema que nos privilegiou.

Se tu não conheces essas pessoas que eu vou mencionar nos próximos textos, reflete sobre os espaços em que buscas informação e conteúdo e te foca na inclusão de pessoas negras. Aliás, essa é uma boa maneira de pensar em como o racismo estrutura as relações em nossa sociedade, não?

Estima-se que, dos aproximadamente 12 milhões de africanos levados como escravizados, 5 milhões chegaram ao Brasil. Talvez você não saiba, mas esse número é mais de dez vezes superior ao norte-americano. Talvez você também não saiba que nosso país foi o último país das Américas a acabar com a escravização, que durou quase quatrocentos anos.

Nos longínquos anos 1990, quando eu fiz o Ensino Fundamental, 13 de maio marcava a data de assinatura da Lei Áurea pela princesa Isabel. Pouco se estudava sobre a luta do povo negro que culminou na abolição e muito se dizia da virtual "benevolência" de Isabel. Praticamente nada se dizia sobre a assinatura da lei não ter garantido direitos para a população negra. É por isso que, nos últimos cinquenta anos, o movimento negro reivindica o 20 de novembro como data de suas lutas.

Pois em 20 de novembro de 1971, no Clube Social Negro Marcílio Dias, em Porto Alegre, o Grupo Palmares organizou um ato em celebração à resistência negra, homenageando Zumbi, líder do Quilombo dos Palmares. Alguns anos depois, o Movimento Negro Unificado (MNU), com capilaridade em várias regiões do país, passou a também organizar manifestações na data. Esse processo culminou, em 1995, com a Marcha Zumbi — 300 anos. Em 2003, o 20 de novembro passou a fazer parte do calendário escolar como Dia Nacional da Consciência Negra, através da Lei nº 10.639, que também inclui o ensino da história da África negra e das culturas afro-brasileiras no ensino oficial.

Mas, agora que tu já sabes a dimensão da escravização no Brasil e as razões pelas quais o movimento negro refuta o 13 de maio como data da liberdade, qual o resultado desse processo para o nosso país? Poderia o mais longevo e numericamente expressivo processo de escravização resultar numa população que vive harmoniosamente, independentemente da raça? Quantas vezes você leu na internet que esse debate sobre raça divide o povo brasileiro, que é miscigenado?

No livro *Racismo estrutural*, Silvio Almeida afirma que é impossível compreender a sociedade contemporânea sem os conceitos de raça e racismo e que o conceito de raça, mesmo que de maneira velada, sempre dialoga com a filosofia, a ciência política, a teoria econômica etc. Ou seja, o conceito de raça precisa ser compreendido dentro dos marcos das circunstâncias históricas em que é utilizado. Entre os séculos XVII e XVIII, a classificação de seres humanos (raça) emergiu para justificar — diante de uma Europa que vivia o apogeu do Iluminismo e de suas revoluções liberais — a destruição das populações das Américas, da África, da Ásia e da Oceania pelo colonialismo europeu. Depois, no final do século XIX, com a primeira grande crise do capitalismo de 1873, as grandes nações pactuaram a ocupação da África (neocolonialismo) com base na ideia de inferioridade racial.

O racismo é a discriminação sistêmica baseada em raça, podendo ser consciente ou inconsciente. Por que usar discriminação em vez de preconceito? Essa é uma questão que pode parecer irrelevante, mas não é. E está relacionada a outras questões que surgem por aí.

Vamos lá: o preconceito é o juízo a partir de estereótipos raciais, por exemplo, judeus são bons em lidar com dinheiro, quenianos nascem para a corrida. Isso pode ou não se transformar em discriminação. Já o racismo pressupõe o tratamento diferente em função do pertencimento a um grupo racializado e, para tanto, exige o exercício do poder.

Aliás, se você ainda não leu esse livro de Silvio, leia. O que eu escrevo aqui é apenas um esforço de síntese do que aprendo com a sua brilhante produção.

Foi lá que aprendi que, mais do que tratar o racismo como uma "anomalia" individual ("Ah! Fulano é doente, um racista!") ou como algo estabelecido pelas instituições que o reproduzem, é preciso entendê-lo a partir de sua dimensão estruturadora da sociedade. Para Silvio, o racismo é sempre estrutural, construído política e historicamente, e

> *ele é um elemento que integra a organização econômica e política da sociedade. [...] e o racismo é a manifestação normal de uma sociedade, e não um fenômeno patológico ou que expressa algum tipo de anormalidade. O racismo fornece o sentido, a lógica e a tecnologia para a reprodução das formas de desigualdade e violência que moldam a vida social contemporânea. [...] as expressões do racismo no cotidiano, seja nas relações interpessoais, seja na dinâmica das instituições, são manifestações de algo mais profundo, que se desenvolve nas entranhas políticas e econômicas da sociedade.*

Ou seja, quando Silvio nos afirma que o racismo é estrutural — e não individual ou institucional —, não há a intenção de negligenciar ou proteger pessoas e instituições racistas. Ao contrário. É preciso garantir que o racismo não passe despercebido, que racistas sejam punidos, que instituições tenham pessoas negras ocupando espaços, mas para ir além: para disputar o poder que perpetua o racismo e transformá-lo em instrumento de construção efetiva de igualdade a partir de uma transformação social profunda que impacte as classes sociais, econômicas e políticas.

RACISMO É A DISCRIMINAÇÃO SISTÊMICA BASEADA EM RAÇA, PODENDO SER CONSCIENTE OU INCONSCIENTE.

Dá pra entender por que ninguém está dividindo a sociedade brasileira ao falar sobre racismo, mas exatamente o contrário? Quando o silenciamos (seja individualmente, seja institucionalmente), deixamos de reconhecê-lo e enfrentá-lo. E, quando você idealiza que não é racista ("Ah, eu tenho até um amigo negro!!!") e não soma na denúncia e na construção de práticas e posturas antirracistas, tu segues te beneficiando do que o racismo te proporciona como pessoa branca.

Uma dessas ações afirmativas são as cotas, instituídas no Brasil a partir da Lei nº 12.711 de 2012. Primeiro, vamos falar sobre as cotas como política de discriminação positiva, ou seja, que trata de forma diferente grupos que receberam historicamente tratamento discriminatório negativo, buscando mitigar os efeitos da discriminação. Quando eu tinha 17 anos e estava no movimento estudantil, lá no tempo dos dinossauros, o debate sobre cotas era muito marginal na sociedade brasileira. O movimento negro defendia cotas raciais e nós defendíamos cotas para a escola pública. Tínhamos uma visão baseada na questão puramente econômica: a juventude filha das trabalhadoras e dos trabalhadores brasileiros está nas escolas públicas. Claro, era uma visão de jovens brancos que já estavam na universidade e que nem sequer compreendiam ainda a dimensão da questão racial na estruturação da desigualdade brasileira, mesmo dentro de um ambiente comum e teoricamente democrático, a escola pública. Pois bem, com a luta e a vitória do movimento negro, as cotas foram construídas levando em conta a questão racial, tendo como critério a escola pública, mas, dentro desse universo, pretos, pardos, indígenas e pessoas com deficiência. Os números evidenciam o sucesso da política: em 2014, pessoas pretas e pardas

1,3 MILHÃO

é o quanto aumentou a quantidade
de pretos e pardos matriculados no ensino
superior — de 1,7 milhão em 2014
para 3 milhões em 2018 — 74,6% a mais.

50,3%

das pessoas matriculadas
em universidades públicas em 2019
eram pretas ou pardas.
Bom, mas ainda menor que a proporção
da população brasileira, de 55,8%.

representavam aproximadamente 1,7 milhão das matrículas no Ensino Superior. O número subiu para cerca de 3 milhões em 2018 — uma diferença de 74,6%. Pretos e pardos passaram de 22,1% para 35,8%. Já no Ensino Superior público, em 2019, pretos e pardos foram a maioria das pessoas matriculadas (50,3%), o que ainda constitui uma sub-representação, já que na população brasileira equivalem a 55,8%. Claro, as cotas trazem o impacto direto de acesso, soma-se a isso uma política de ampliação do número de universidades e campi universitários e, nas privadas, o Prouni e o Fies.

Mas o êxito das políticas de ampliação do acesso vai além. Nas eleições de 2020, Porto Alegre elegeu a sua primeira bancada negra. Quatro mulheres jovens e um homem jovem: Bruna Rodrigues (PCdoB), Daiana Santos (PCdoB), Laura Sitto (PT), Karen Santos (Psol) e Matheus Gomes (Psol). Dessas cinco pessoas, quatro foram ou são cotistas na Universidade Federal do Rio Grande do Sul (UFRGS). Não estou dizendo que as cotas garantiram suas eleições, claro que não. Mas tenho certeza de que a universidade foi para eles — assim como foi para mim — um espaço determinante da formação e construção de suas trajetórias políticas e de luta social.

Para mim, mulher branca que estudou em escola particular, foi normal entrar lá, na mesma universidade em que minha mãe e meu pai se graduaram. Aqueles corredores, salas de aula sempre foram parte de minhas expectativas, porque aquele é o templo sagrado do conhecimento da branquitude. Percebam que ao dizer isso não estou menosprezando em nada a aluna que fui, que saía de casa às 7h e voltava às 23h. Apenas reconhecendo que meu esforço foi infinitamente menor que o de Bruna, por exemplo, a quem conheço desde seus 17 anos. Bruna é filha de minha amiga Virginia, que foi vítima de violência doméstica até passar no concurso para gari e, com isso, alcançar sua independência econômica e sair da relação violenta. Ela, Bruna e as irmãs e os irmãos viviam na Vila Tronco, na Grande Cruzeiro, em Porto Alegre. Conheceram de perto a fome. Bruna engravidou aos 15 e evadiu da escola. Tinha que trabalhar para criar a filha. Estudar não era uma opção. Trabalhar era uma obrigação. Quando a conheci, ela lutava pela vaga na creche para Camile, para poder trabalhar (imagine se ia ter vaga para que, além de trabalhar, ela estudasse). A história dessa jovem que conheci amamentando e lutando pela creche lá em 2005 é muito bonita e longa para ser resumida em poucas linhas, com certeza daria um livro inteiro. Mas o que quero dizer é que sua ascensão ao curso de Administração Pública e a posterior eleição como vereadora passaram por um caminho marcado por questões muito distintas daquelas por quais eu passei. Lembram do feminismo interseccional? Criar uma mulher universal não ajuda o feminismo, só atrapalha. Gênero, raça e classe estão entrelaçados o tempo todo.

Sendo assim, a vitória de Bruna — ou a sua representatividade institucional — é o suficiente? Claro que não. Mas é muito diante de um país que histórica e politicamente sustenta um racismo sistêmico que faz com que ela tenha que ter enfrentado tanto para chegar ao lugar a que eu cheguei com tão menos obstáculos.

Lembrei do episódio de racismo cometido, no mesmo processo eleitoral de 2022, por um ex-candidato a prefeito (já indiciado por tal manifestação), que disse que a bancada negra era constituída por "jovens, negros, sem nenhuma tradição política, sem nenhuma experiência, sem nenhum trabalho e com pouquíssima qualificação formal".

Claro, tudo aquilo que afronta o poder exercido por esse senhor é desqualificado. Tradição política que ele reconhece é a familiar? E a luta pela creche de Bruna é o quê? E a experiência de criar uma filha e sobreviver à fome?

É por isso que é tão repugnante essa ideia de que existe racismo reverso, um racismo de pessoas pretas e pardas contra pessoas brancas. Como ironiza Silvio,

> *o uso da palavra reverso já é escandaloso porque trabalha com a ideia de que existe um racismo correto e que esse seria o de pessoas brancas contra negras.*

Mas, se racismo é a operação sistemática de discriminações, se racismo pressupõe poder, que poder têm indivíduos pretos e pardos para oprimir sistematicamente uma pessoa branca? Uma pessoa branca pode sofrer preconceito por parte de uma pessoa preta? Pode. Mas as pessoas brancas não serão mortas pela polícia por serem brancas, não serão seguidas no supermercado por serem brancas. Essa expressão nada mais é do que o esforço para a manutenção dos privilégios oriundos do racismo. Claro! Para que mais pessoas negras ocupassem cadeiras nas universidades, menos pessoas brancas estariam lá. Para que cinco jovens negros estivessem na Câmara, cinco senhores brancos deixaram de estar.

Racismo e indígenas no Brasil

Vamos começar, mais uma vez, pelo começo: eu sei que quando você estava na escola te ensinaram a chamar de índios os indígenas que vivem em nosso país. Mas indígena é a expressão mais adequada em contraposição à palavra 'índio', que generaliza e é costumeiramente usada de forma jocosa. Indígena significa natural do lugar que se habita.

O Brasil possui 817.963 pessoas indígenas, presentes em 305 etnias diferentes e que falam 274 línguas. Essas pessoas habitam 724 terras ou reservas, em uma área de 117 milhões de hectares, isto é, quase 14% do território brasileiro. Mesmo assim, o pensamento racista, presente e naturalizado no senso comum, reproduz a ideia de que esses povos estão extintos, são primitivos e que, como afirmou certa vez Bolsonaro: "Com toda a certeza, o índio mudou, tá evoluindo. Cada vez mais o índio é um ser humano igual a nós".

O que é ser "igual a nós"? É se relacionar consigo, entre si e com a natureza como as pessoas brancas se relacionam.

817.963
brasileiros são pessoas indígenas distribuídas em

305 ETNIAS
e que falam 274 línguas diferentes.

Esse racismo, fruto de nossa subjetividade colonial, aparece explicitamente no debate sobre demarcação de terras, quando Bolsonaro alegou que 15% do território nacional é demarcado como indígena, sendo que "menos de 1 milhão de pessoas vivem nesses lugares isolados do Brasil, exploradas e manipuladas por ONGs".

Uma visão formada a partir de estereótipos racistas, que retrata um ser humano incapaz, primitivo, plenamente manipulável pelos outros, uma das principais formas de expressão do racismo contra os povos indígenas brasileiros. Que busca esconder a relação de outro tipo que indígenas têm com o espaço em que vivem: enquanto 20% da Floresta Amazônica brasileira foi desmatada nos últimos quarenta anos, as Terras Indígenas na Amazônia Legal perderam, somadas, apenas 2% de suas florestas originais. Na América Latina, 45% das florestas intactas encontram-se nos territórios indígenas.

Agora, quando tu pensar em usar a expressão "programa de índio" para te referir a algo ruim, lembra que o programa real dos indígenas brasileiros é resistir ao desmonte das políticas indigenistas no Brasil, garantindo que as florestas fiquem em pé, ajudando a salvar as nossas vidas.

PEQUENO DICIONÁRIO AUXILIAR

Branquitude

Nome dado à condição racial das pessoas brancas, um lugar de vantagem estrutural exercida ao longo da vida em sociedades estruturadas pelo racismo. A branquidade não é baseada em contraposição ao negro, mas tomando as pessoas brancas como um ponto de neutralidade, como universais. ■

Pacto narcísico da branquitude

Expressão cunhada pela pesquisadora Maria Aparecida da Silva Bento, conhecida como Cida Bento, em sua tese de doutorado. Em resumo, esse pacto consiste na grande convergência de pessoas brancas para a manutenção das estruturas de poder que garantem seus privilégios. ■

Epistemicídio

É o nome dado ao processo de apagamento intelectual, social e cultural de formas de conhecimento não europeias, sobretudo africanas ou da diáspora africana. A expressão foi cunhada por Boaventura de Sousa Santos, mas Sueli Carneiro é que deu o contorno mais relacionado à produção de conhecimento de pessoas negras. ■

Comunidades remanescentes de quilombo / Comunidades quilombolas

Grupos étnico-raciais com forte ligação com o território, formados por descendentes ou remanescentes de escravizados fugitivos entre o século XVI e o ano de 1888. ■

Lugar de fala

É a ideia que pressupõe que todas as pessoas falam a partir de uma determinada realidade. As pessoas brancas, que se têm como sujeitos universais, falam também a partir de um lugar que não é compartilhado por todas as pessoas: o de poder e opressão histórica. Quem popularizou a expressão aqui no Brasil foi a filósofa Djamila Ribeiro, com seu livro intitulado *Lugar de fala*. Ela afirma nessa obra que: "O lugar social não determina uma consciência discursiva sobre esse lugar. Porém, o lugar que ocupamos socialmente nos faz ter experiências distintas e outras perspectivas". O lugar de fala não é um lugar de silenciamento, como alguns, munidos de ignorância ou má-fé, afirmam algumas vezes, mas é o reconhecimento da existência de que, além da mensagem, existe uma pessoa que formula e emite essa mensagem e que essa pessoa fala de um lugar específico. Isto é, não é um mecanismo para silenciar, mas para ampliar as vozes legitimadas socialmente a falar, tirando do silenciamento grupos minoritários que são histórica e politicamente silenciados. ■

Letramento racial

Desconstrução das formas de pensar e das ações naturalizadas. Foi a pesquisadora Lia Schucman que traduziu o termo a partir da obra de France Winddance Twine. Twine defende que, para que haja uma desconstrução do racismo nas pessoas brancas, é necessário que essas pessoas se percebam racializadas e incorporem determinadas práticas em suas atitudes. Lia nos diz quais são os cinco fundamentos dessa prática que denota letramento racial:

1 **Reconhecer a própria branquitude, isto é, que tem privilégios em decorrência de sua condição**

2 **Compreender que, mesmo sendo fruto de um processo histórico e político, o racismo deve ser enfrentado como um problema atual, diariamente, com atenção e disciplina**

3 **Entender que as identidades raciais são aprendidas, resultado de práticas sociais**

4 **Tomar posse de uma gramática e de um vocabulário raciais**

5 **Tornar-se capaz de interpretar as práticas e os códigos que são racializados, ou seja, perceber quando algo é fruto de racismo e não tentar camuflar.** ■

Povos originários

Descendentes dos primeiros habitantes de nosso país. ■

Povos e Comunidades Tradicionais (PCTs)

Quilombolas, povos indígenas, comunidades tradicionais de matriz africana ou de terreiro, extrativistas, ribeirinhos, caboclos e pescadores artesanais são PCTs, que, segundo a Política Nacional de Desenvolvimento Sustentável dos Povos e Comunidades Tradicionais, podem ser definidos como

grupos culturalmente diferenciados e que se reconhecem como tais, que possuem formas próprias de organização social, que ocupam e usam territórios e recursos naturais como condição para sua reprodução cultural, social, religiosa, ancestral e econômica, utilizando conhecimentos, inovações e práticas gerados e transmitidos pela tradição. ■

Diáspora

Diáspora significa o deslocamento, em geral forçado, de um povo pelo mundo. Diáspora africana é, então, a imigração forçada de africanos durante o tráfico de escravizados. ■

Colorismo

É a ideia de que as pessoas negras são classificadas de acordo com os seus fenótipos e que, quanto mais escuras ou mais perto estiverem fisicamente da africanidade, maior será o preconceito que enfrentarão. ■

Dandara e Zumbi/Quilombo dos Palmares

A história dos quilombos no Brasil é a própria história do Brasil, desde a Terra de Santa Cruz, primeiro nome que nosso país recebeu. Palmares (hoje chamada União dos Palmares), localizado na Serra da Barriga, na Capitania de Pernambuco (atual estado de Alagoas), tinha cerca de 200 km² e começou a ser povoado em 1580. Estima-se que mais de 20 mil habitantes viveram ali por mais de um século. A República de Palmares, instituída por mulheres e homens negros e demais populações multiétnicas, era próspera e autossustentável. Zumbi nasceu livre, na Serra da Barriga, em 1655, mas aos 6 anos foi capturado. Em 1678, seu tio e chefe de Palmares, Ganga Zumba, foi assassinado após um processo de tentativa de negociação da paz com a Capitania de Pernambuco. Prometendo resistir à opressão portuguesa, Zumbi foi elevado à condição de novo líder do Quilombo de Palmares. Ele era casado e tinha três filhos com Dandara, guerreira negra que dominava técnicas de capoeira e lutava militarmente. Zumbi e Dandara ascenderam ao poder aproximadamente em 1678 e resistiram às negociações com os governadores portugueses. Em 20 de novembro de 1695, Zumbi foi assassinado, teve sua cabeça cortada, salgada e exposta no Pátio do Carmo, em Recife. Dandara, ao ser presa, se suicidou, para não retornar à condição de escravizada. Os dois se tornaram símbolo da resistência negra. ■

Empoderamento

Joice Berth escreveu o livro com esse título da coleção Feminismos Plurais. E ela tem uma frase maravilhosa, que eu adoro: "O poder só é justo quando é coletivo". Então, o empoderamento que trabalhamos aqui não é o individual, apresentado em propagandas de televisão que insistem que tu tens que "te empoderar", como se isso resolvesse os problemas do mundo (e nem os de teu mundo resolvem, pois, se és uma mulher com algum poder, segues sendo uma mulher com poder numa sociedade patriarcal). Joice nos diz que esse não é apenas um instrumento individual, mas coletivo, de luta social, teórica e prática, para fazer com que minorias sociais deixem o lugar da subalternidade. ∎

Negro/preto

No censo do IBGE, pessoas pretas e pardas ficam sob o guarda-chuva da palavra negros. Conceição Evaristo trabalha com a ideia de ressignificação do termo negro, resgatando a luta pela sua positivação. Alguns dizem que preto é cor, negro é raça. No debate, não há um consenso, mas há muita luta do movimento negro para positivar os termos, já que ambos são historicamente usados de maneira pejorativa. É por isso que é tão importante ressignificarmos e deixarmos de usar expressões que reproduzem essa ideia de que o preto/negro é ruim e o branco é bom, como, por exemplo, dizer que sente uma "inveja branca", que a "coisa tá preta". ∎

Punitivismo/Encarceramento em massa/ Genocídio/Guerra ãs drogas

O Brasil tem mais de 770 mil pessoas presas, segundo os dados do Departamento Nacional de Penitenciárias (Depen). Temos a medalha de bronze numa das mais nefastas competições do planeta: perdemos, em números absolutos, apenas para Estados Unidos e China. Esses números são reveladores de muitas questões sobre a sociedade brasileira. No dia 15 de fevereiro de 2020, o então presidente do país comemorou o aumento de 3,8% de presos. Disse ele, em seu Twitter: "Menos bandidos levando terror à população". A celebração de Bolsonaro e seus seguidores que defendem prisão e morte como a solução para os problemas graves de segurança que o Brasil vive escondem que esse encarceramento massivo não tem representado melhora alguma nos índices de segurança. A essa cultura, que acredita que a prisão (a aplicação dura do código penal) é a única saída para os conflitos, chamamos de cultura punitivista.

Mas ele estava celebrando a prisão de quem? Quem são as pessoas presas em nosso país? A quem o punitivismo encarcera?

770 MIL

pessoas estão presas no Brasil, sendo que

33%

estão presos sem condenação, sem um julgamento.

O percentual de presos provisórios (sem uma condenação) é de 33%. Isso mesmo. Um terço das pessoas que têm sua liberdade restrita não foram julgadas. Entre as pessoas presas, 61,7% são pretas ou pardas, índice desproporcional aos 55,8% da população brasileira. As pessoas brancas representam 37,22% das prisões, sendo 45,48% da população. Três em cada quatro pessoas presas têm até o Ensino Fundamental completo. Mais da metade da população carcerária é jovem, mesmo que apenas 25% da população brasileira o seja. A maior parte das prisões é por tráfico de drogas.

Se o racismo estrutura e organiza as relações sociais no Brasil, esse modelo que pune e encarcera desproporcionalmente e massivamente pessoas negras não é reflexo também ele do racismo? Você acredita que o jovem negro preso com drogas é tratado da mesma maneira que o branco? Sabemos as respostas para essas perguntas. O sistema prisional brasileiro é racista. Quem nunca viu na internet circularem matérias de jornal que demonstram como as pessoas brancas são tratadas mesmo quando portam quantidades gigantescas de drogas? Juliana Borges nos traz dados do relatório do Ipea sobre a maneira como as punições são aplicadas:

> *Há desproporção no peso da definição das penas entre brancos e negros que cometeram um mesmo crime. Dos acusados em varas criminais, 57,6% são negros, enquanto que, em juizados especiais que analisam casos menos graves, esse número se inverte, tendo uma maioria branca (52,6%). Essa diferença ocorre porque a determinação de em qual vara será tramitado o processo depende do tipo de pena pedida, decisão do promotor de Justiça. Nas varas criminais, a prisão é praticamente inevitável, diferente dos juizados, que encaminham mais penas alternativas.*[1]

---

1. A Aplicação de Penas e Medidas Alternativas. Instituto de Pesquisa Econômica Aplicada (IPEA), 2015.

CASOS DE HOMICÍDIO
entre 2008 e 2018[2]

↑ **11,5%**
é o quanto cresceu entre as pessoas pretas e pardas.

↓ **12,9%**
foi a diminuição para as pessoas brancas.

↑ **12,4%**
é o quanto aumentou entre as mulheres negras.

↓ **11,7%**
foi a diminuição entre as mulheres brancas.

2. Atlas da Violência 2020, IPEA.

O censo do Conselho Nacional de Justiça (CNJ) nos mostra que 84,5% dos juízes, desembargadores e ministros do Judiciário são brancos, 15,4% negros, 0,1% indígenas. Numa sociedade em que instituições reproduzem o racismo estrutural, poderia o Poder Judiciário ser imune ao racismo?

É também impossível debater punitivismo e encarceramento em massa sem debater a nefasta política de guerra às drogas que encarcera e mata milhares de brasileiras e brasileiros por ano. É em nome dessa guerra que pessoas negras têm 2,6 vezes mais chance de serem assassinadas no Brasil, mesmo que na televisão quase não vejamos essas mortes. É em nome dessa guerra que crianças negras são mortas em nosso país enquanto se dirigem pro balé ou voltando, uniformizadas, das escolas de suas comunidades. Entre os anos de 2017 e 2019, 2.215 crianças e adolescentes foram mortos por policiais. Dessas crianças, pelo menos 69% eram negras.[3] Se uma, apenas uma criança igual à minha filha fosse morta, o Brasil pararia. A gente sabe disso. Mas essas crianças são "suspeitas" por serem negras e viverem em comunidades de trabalhadores. Ou seja, o que a guerra às drogas produz é um verdadeiro genocídio das pessoas negras.

---

3. Dados do Fórum Brasileiro de Segurança Pública, 2019.

Segundo o Atlas da Violência de 2020, os casos de homicídio de pessoas negras (pretas e pardas) aumentaram 11,5% em uma década, a taxa entre não negros (brancos, amarelos e indígenas) diminuiu 12,9%. E, para vermos como não existe uma mulher universal, tivemos a grande vitória de reduzir em 11,7% a morte de mulheres brancas. Essa diminuição, infelizmente, não atingiu as mulheres negras. O número de mortes aumentou 12,4%. Um jovem é morto no país a cada dezessete minutos, se ele for negro tem 2,6 vezes mais chance de isso acontecer.[4] Esse é o legado do mais longevo processo de escravização do planeta.

É também uma das engrenagens dos mecanismos com os quais a lógica punitivista opera: nos fazer crer que as prisões estão repletas de traficantes e assassinos e que esses são os jovens negros de nossas comunidades. Quem não lembra que Marielle Franco foi tratada nas redes sociais como "mulher de traficante" quando executada? Aliás, a dor das mães que perdem seus filhos é abafada pelo desespero de conseguirem provar para a sociedade a inocência de suas crianças.

Segundo a Lei de Drogas, quem define se as drogas portadas são para tráfico ou para consumo é o juiz. Juliana Borges nos mostra em seu livro uma pesquisa do Instituto de Segurança Pública que evidencia que a maioria das apreensões de drogas no Rio de Janeiro, por exemplo, é de pequenas quantidades. Em metade das ocorrências, a quantidade de maconha não passava de 6 gramas. Em três quartos dos casos, o volume máximo de maconha era de 42 gramas. Metade das apreensões de cocaína foi de 11 gramas, e 5,8 gramas de crack.

4. Atlas da Violência 2020, IPEA.

Na prática, não temos menos insegurança, apesar de nosso país encarcerar muito, via de regra em prisões que não oferecem condição alguma de ressocialização. Também não temos menos drogas circulando e a violência não diminuiu. Ou a gente muda essa realidade ou a gente muda essa realidade.

Quando comecei a escrever esse verbete, logo lembrei como é difícil o desafio que me impus de sistematizar ideias tão importantes em poucas linhas. Esse, para mim, é um conceito-chave de ser compreendido para que um dia transformemos de verdade o Brasil. Se tu fores uma pessoa branca lendo, te peço que dediques muito mais tempo ao estudo do que significa o sistema prisional brasileiro, quem está preso e como enfrentar esse tema que é imprescindível para o Brasil se realizar como nação. Um ótimo começo para aprofundares tua leitura é o livro da Juliana Borges, da coleção Feminismos Plurais, e outro livro dela, mais recente, chamado *Prisões, espelhos de nós*. Busque as informações dos Atlas da Violência. Eles sistematizam informações preciosas para conhecermos a verdadeira cara da violência de nosso país. ∎

Racismo ambiental

Expressão criada pelo militante dos direitos civis norte-americano Benjamin Chavis que se refere à discriminação racial nas políticas ambientais e na formulação, aplicação ou regulamentação de leis. Quem vive nas comunidades mais próximas dos aterros sanitários? Quem são as pessoas que vivem sem saneamento e acesso à água potável no Brasil? Respondendo a essas perguntas, fica fácil compreender a dimensão do racismo na execução de políticas ambientais. A expressão também pode se referir, do ponto de vista da geopolítica, às relações ambientais entre o norte e o sul globais. ■

Colonialismo/neocolonialismo

O colonialismo tem seu auge nos séculos XV e XVI e é caracterizado pela ação de dominação política e econômica, via de regra com o uso da força, de um país (denominado metrópole) em outro (denominado colônia). Surge no contexto do capitalismo mercantil (mercantilismo), apoiado pelos Estados absolutistas europeus. Já o neocolonialismo acontece bem mais recentemente, nos séculos XIX e XX. Esse processo está relacionado ao capitalismo industrial, à busca de matéria-prima e mercados consumidores. Se no colonialismo o foco eram as Américas, a Ásia e a Oceania, agora a atenção está voltada para o continente africano. Entre os anos de 1884 e 1885, as catorze grandes potências mundiais reuniram-se e, em resumo, dividiram entre si o território africano de acordo com suas preferências. ■

NA INTERNET

Tia Mã
🐦 📷 tiamaoficial

Preto Zezé
🐦 📷 pretozeze

Thiago Amparo
🐦 📷 thiamparo

Emicida
🐦 📷 emicida

Silvio Almeida
🐦 📷 silviolual

Juliana Borges
🐦 📷 julianaborges_1

Winnie Bueno
🐦 📷 winniebueno

Rosane Borges
🐦 📷 _rosaneborges

AD Junior
🐦 AdJunior_1
📷 adjunior_real

Matheus Gomes
🐦 📷 matheuspggomes

Anielle Franco
🐦 📷 aniellefranco

Fernanda Bastos (Bovaristas)
🐦 📷 bovaristas

Bruna Rodrigues
🐦 bru_rodrigues65
📷 bruna.rodrigues65

Sonia Guajajara
🐦 GuajajaraSonia
📷 guajajarasonia

Príncipe do gueto
🐦 principedgueto
📷 umprincipedogueto

Preta Ferreira
🐦 pretaferreira
📷 preferreira

Olívia Santana
🐦 oliviasantana65
📷 oliviasantana_oficial

Márcio Chagas
🐦 MarcioChagasPOA
📷 _omarciochagas

Rodney William
📷 rodneywilliam_

Alma Preta Jornalismo
🐦 Alma_Preta
📷 almapretajornalismo

DESINFORMAÇÃO & FAKE NEWS · FEMINISMO · LGBTQIAP+ · RACISMO · CAPACITISMO · MERITOCRACIA · SUSTENTABILIDADE · RESILIÊNCIA

OUTRAS LEITURAS

Conheça 18 verbetes sobre feminismo negro e movimento de mulheres negras
Portal Catarinas

Origens do Vinte de Novembro na Revista Dia da Consciência Negra — 35 anos
Oliveira Silveira

Lugar de fala (e demais livros da Coleção Feminismos Plurais)
Djamila Ribeiro

Interseccionalidade
Carla Akotirene

Racismo recreativo
Adilson Moreira

Empoderamento
Joice Berth

Racismo estrutural
Silvio Almeida

Encarceramento em massa
Juliana Borges

Apropriação cultural
Rodney William

Intolerância religiosa
Sidnei Nogueira

Colorismo
Alessandra Devulsky

Trabalho doméstico
Juliana Teixeira

Discurso de ódio nas redes sociais
Luiz Valério Trindade

Mas em que mundo tu vive?
José Falero

Imagens de controle: Um conceito do pensamento de Patricia Hill Collins
Winnie Bueno

Uma autobiografia
Angela Davis

O avesso da pele
Jeferson Tenório

Memórias da plantação: Episódios de racismo cotidiano
Grada Kilomba

Ponciá Vicêncio
Conceição Evaristo

Por um feminismo afro-latino-americano
Lélia Gonzalez

Escritos de uma vida
Sueli Carneiro

Ideias para adiar o fim do mundo
Ailton Krenak

E eu não sou uma mulher?: Mulheres negras e feminismo
bell hooks

PARA LER COM AS CRIANÇAS

Minha dança tem história
bell hooks

Meu crespo é de rainha
bell hooks

O pequeno príncipe preto
Rodrigo França

Sulwe
Lupita Nyong'o

SUAS PALAVRAS

Anota aqui outras dicas, pessoas que tu segue, livros que tu estás lendo, artigos que mudaram o teu jeito de pensar. Vamos construir nosso próprio centro de informações. Aliás, compartilha a foto das tuas anotações usando a
#somosaspalavras

....
....
....
....
....
....
....
....
....
....
....
....
....
....
....
....
....

CaP
TIS

ACI
mO

As pessoas devem ser definidas por suas deficiências?

No Brasil, são
45 MILHÕES
de pessoas com deficiência.

O Brasil tem 45 milhões de pessoas com deficiência, ou seja, quase 25% da população.[1] Mesmo assim, não faz muito tempo que eu li essa palavra pela primeira vez. Foi a internet que me proporcionou acompanhar a vida de diferentes pessoas que trabalham enfrentando essa ideia de que pessoas com deficiência são incapazes, anormais em comparação a uma pessoa supostamente "plenamente capaz", isto é, sem deficiência. O capacitismo reduz as pessoas com deficiência a suas deficiências e faz com que só tenhamos espaços para pessoas com determinadas características, com uma experiência corporal considerada normal e saudável. Em nossas cidades, os sinais são para quem enxerga as cores, as calçadas repletas de obstáculos são para quem pode descer degraus, os ônibus têm degraus nos quais pessoas idosas, pessoas com deficiência, mães com carrinhos de bebê não podem subir. As práticas esportivas são apenas para os Jogos Paralímpicos. Nas cidades, os equipamentos apropriados para pessoas com deficiência inexistem.

As cidades brasileiras, que via de regra não são acessíveis para PCDs, são desiguais. E pode ser ainda mais cruel em

---

1. Dados do IBGE, 2021.

regiões mais populares. Em 2008, fui candidata a prefeita de Porto Alegre pela primeira vez. Foi também a primeira vez que subi a uma determinada comunidade na zona leste da cidade. Naquela ocupação, conheci uma mulher que jamais conseguia fazer com que o filho cadeirante, em função de uma paralisia cerebral, saísse de casa. Para que ela trabalhasse, ele ficava sozinho. Eram só os dois. Essa mulher que cuidava sozinha do filho com deficiência não é um caso isolado. Já falamos sobre como em nossa cultura os cuidados das crianças são atribuídos quase exclusivamente às mães e sabemos o impacto disso na vida das mulheres. Como expliquei na página 48, mulheres mães de crianças de 0 a 3 anos, por exemplo, têm muita dificuldade em trabalhar no Brasil. Quando falamos em mães de crianças com deficiência, falamos da ausência total de políticas públicas e de rede de apoio.

Li uma vez Lau Patrón, mãe atípica que escreve e trabalha lindamente, falar que a tal aldeia necessária para criar uma criança, no caso da criança com deficiência ou síndrome rara, desaparece. As políticas públicas são precárias. O Brasil ainda retrocede no debate sobre inclusão escolar. Sim, tu deves ter acompanhado essa discussão sobre escolas inclusivas e a mudança proposta pelo governo federal com a criação da Política Nacional de Educação Especial. A luta das famílias de crianças com deficiência por acesso à escola é longa. Já na década de 1940, elas lutaram para que suas crianças tivessem acesso à escola. Esse foi o momento em que surgiram as escolas especiais, não governamentais e filantrópicas. Depois, com a Constituição de 1988, a responsabilidade do Estado na educação inclusiva foi sacramentada e foi dado início ao processo de inclusão das crianças com deficiência em escolas regulares. É depois, na década de

1990, que avançam os debates sobre a inclusão e, em 2015, é sancionada a Lei Brasileira da Pessoa com Deficiência. Claro que, como em outros casos, aquilo que está no papel é muito bom, mas os recursos para torná-lo realidade não são o suficiente.

A ideia de criar escolas para os que não se beneficiam da escola regular inclusiva, defendida na tal PNEE, pode parecer interessante e justa. Mas ela apenas muda o lugar onde estão colocando luz: se existem crianças que não se adaptam a essas escolas regulares inclusivas, isso pode ser justamente porque a lei existente nunca recebeu recursos para ser plenamente executada.
Para que avancemos no enfrentamento ao capacitismo, vencer essa ideia que legitima a segregação das PCDs é fundamental.

Além disso tudo, nossa sociedade é muito violenta com as pessoas com deficiência. Essa violência se materializa no fato de que crianças e adolescentes com deficiência são mais vulneráveis a abuso e violência sexual (10% do total de estupros são cometidos contra PCDs) e na informação de que a cada uma hora uma pessoa com deficiência é vítima de violência. Mais da metade, 58,8%, acontece dentro da casa da vítima. Não é uma surpresa, lamentavelmente, que as mulheres, com todos os tipos de deficiência, sejam a maior parte das vítimas e que a maioria dos casos seja de violência doméstica.

Para além dos dados sociais, piadas e expressões pejorativas hierarquizam as relações da sociedade a partir dessa ideia de que existe um normal que se contrapõe a um anormal, o deficiente. "Que mancada!", "Você está cego?", "Ih, só pode estar surdo". Pode parecer uma brincadeira. É também uma violência, que às vezes se disfarça de piedade, suposta generosidade, mas nada mais é do que a manifestação do preconceito, desse olhar que inferioriza PCDs. E legitima a violência contra esses corpos.

Te informa. Acompanha o que dizem as próprias pessoas com deficiência sobre suas vidas. Transforma tua pretensa "piedade" em luta. Em ação para que as escolas sejam inclusivas e políticas públicas de acessibilidade sejam implementadas.

PEQUENO DICIONÁRIO AUXILIAR

Corponormatividade

Nossa sociedade acredita na ideia de um "corpo normal", isto é, aquele sem deficiências. As deficiências são consideradas falhas, e o corpo normal, um padrão a ser buscado. ∎

PCD

A sigla significa pessoa com deficiência, que é a expressão considerada mais correta. O termo deficiente e a expressão portador de deficiência são considerados preconceituosos e equivocados. A pessoa com deficiência não é apenas a sua deficiência, como a palavra deficiente dá a entender. Portar significa carregar, e as deficiências não são objetos. ∎

Mães atípicas/maternidade atípica

O uso das expressões mãe atípica, maternidade atípica, parentalidade atípica, bem como típica, tem crescido. E se refere às mães e aos pais que têm filhas ou filhos com o desenvolvimento que foge do típico, isto é, do padrão esperado para a faixa etária em cada uma das etapas de aprendizado e desenvolvimento. ∎

Educação inclusiva

É a ideia de que todas as crianças, adolescentes e adultos têm direito às mesmas possibilidades de escolarização. ∎

NA INTERNET

Ivan Baron
🐦 📷 ivanbaron

Pequena Lo
🐦 📷 _pequenalo

Victor di Marco
🐦 shutupvictor
📷 victordimarco

**Poliana Martins
(Meu bebê e o autismo)**
🐦 PoliMartins_
📷 meubebeeoautismo

Lorena Eltz
🐦 lorenaeltz
📷 lorenaeltzz

OUTRA LEITURA

71 leões
Lau Patrón

SUAS PALAVRAS

Anota aqui outras dicas, pessoas que tu segue, livros que tu estás lendo, artigos que mudaram o teu jeito de pensar. Vamos construir nosso próprio centro de informações. Aliás, compartilha a foto das tuas anotações usando a #somosaspalavras

....
....
....
....
....
....
....
....
....
....
....
....
....
....

TO
RI
ME

Todas as oportunidades são iguais?

CIA
CRA

5,8 MILHÕES
de brasileiras e brasileiros
não dispõem sequer de banheiro
em suas residências.

A palavra meritocracia pipoca na boca de alguns na época da eleição, né? Mas tu sabes o que é isso? Meritocracia é a ideia de que podemos construir uma hierarquia social baseada no mérito. Para mim, a meritocracia serve para esconder as condições desiguais de nosso país. Vou dar um exemplo a partir de algo que já conversamos aqui: a política de cotas. Vestibular é uma prova/concurso. Todos têm o mesmo tempo para a sua realização e ela é corrigida de forma neutra. Mas o concurso capta só a prova? É somente durante sua realização que precisamos de igualdade para que possamos acreditar que a hierarquia resultante dela é justa? Eu e minha amiga Bruna, vereadora de Porto Alegre, sentamos em salas de aula parecidas para a realização da prova. Mas e nossas trajetórias? E até sentarmos naquela sala? Nós somos quem vemos na foto ou o caminho para chegar até ela?

E se eu te contar que mesmo com cotas no serviço público a desigualdade salarial nesses espaços reproduz os padrões da sociedade, isto é, homens brancos estão no topo, seguidos de mulheres brancas, depois homens negros e, por fim, mulheres negras?[1] Isso deixa evidente que além do fato de os homens brancos e as mulheres negras realizarem concursos para cargos de natureza distinta em função de escolaridade, por exemplo, as funções de chefia, com remuneração maior, são mais destinadas aos homens. Como estudamos antes, o racismo estrutura a nossa sociedade e as instituições não estão imunes a ele, mas o reproduzem. Por isso, se não se engajarem em práticas e posturas antirracistas, estarão contribuindo para sua manutenção.

Já que estamos falando de cotas para o serviço público, vamos falar um pouco sobre esse assunto.

Por serviço público entendemos as prestações de serviço para atender as demandas da sociedade com a participação direta ou indireta do Estado. Vira e mexe, tem alguém dizendo que nada que é público presta, que tem que vender tudo ou passar tudo para a iniciativa privada etc. Você, assim como eu, vive a pandemia da covid-19. Já parou pra pensar no que teria sido de nosso país sem o Estado e o serviço público? Vamos começar pela vacina. Nós sabemos que a disputa em torno da vacinação virou assunto nacional. Lembra lá em 2020? O governo brasileiro não acreditava na ciência e não fazia gestão de compras de vacinas. Tudo bem que depois a gente descobriu na CPI que tinha esquema no meio. Mas lembras que a vacina Coronavac começou a ser produzida pelo Butantan? Se eu cantar "vem com bumbum tantã", tu lembras rapidinho, né? E que depois a AstraZeneca

---

1. Atlas do Estado Brasileiro, IPEA.

passou a ser produzida pela Fiocruz? O Butantan e a Fiocruz são responsáveis por quase toda a produção de imunizantes no país. O primeiro é ligado ao estado de São Paulo, já a Fiocruz é ligada ao Ministério da Saúde. A tradição vacinal do Brasil foi imposta ao governo negacionista a partir da pesquisa e produção científica realizada em instituições públicas. Porque a vacina não cai do céu. Ela é fruto de gente que dedica a vida à pesquisa e que é, em geral, pouquíssimo valorizada no Brasil. Os países desenvolvidos disputam esses cientistas à tapa, sabia? Mas, justamente em função do baixo investimento em pesquisas, o Brasil despencou 250 posições no ranking dos países que mantêm seus profissionais, passando de 450 para 700.[2] Chamamos isso de "fuga de cérebros".

Mas voltemos à pandemia. O que teria sido da gente sem o Sistema Único de Saúde (SUS), público, gratuito e universal? Eu vou comparar com os Estados Unidos para que você entenda exatamente o que quero dizer: sabe como funciona lá? Não existe sistema público universal, sendo a saúde gerida, sobretudo, pela iniciativa privada. Os norte-americanos gastaram mais de US$ 30 bilhões em hospitalizações desde o início da pandemia, sendo o custo médio de cada internação de US$ 23.489.[3] Você consegue se imaginar não levando a sua mãe para um hospital com medo da cobrança, já que essa é a única alternativa?

E bastam apenas os exemplos de pesquisa e acesso à saúde para que se perceba que o debate em torno do serviço público tem que ser feito levando em conta a realidade de nosso país e as condições de vida de nossa população. Debater o tamanho do Estado e a necessidade ou

---

2. Índice Global de Competitividade de Talentos, 2021.
3. Número levantado por Chris Sloan, diretor da empresa de pesquisa em saúde Avalere, em 2021.

não de empresas e serviços públicos é a chance de enfrentarmos mitos e farsas que circulam por aí.

Agora eu quero conversar contigo sobre privatizações.

O que é privatização? É quando determinada empresa ou instituição pública é vendida para a iniciativa privada. Essa ideia é como uma moda que insiste em voltar, sabe? A defesa é da venda das empresas públicas em nosso país a partir de uma ideia de absoluta eficiência da iniciativa privada × absoluta ineficiência do serviço público. Mas será que é essa a verdade? Se as empresas fossem ruins ou pouco lucrativas, por quais razões pessoas que empreendem e que com legitimidade buscam seus lucros iam querer colocar seu dinheiro ali? Vejam o caso dos Correios. Entre 2001 e 2020, a empresa acumulou resultado líquido positivo de R$ 12,4 bilhões em valores atualizados pelo IPCA e repassou R$ 9 bilhões em dividendos nesse período. Se você mora em São Paulo ou em outra grande cidade mais central no país, talvez nem entendas a razão de essa empresa ser pública num país continental como o Brasil e talvez nunca tenhas pensado na logística para realizar uma entrega em uma comunidade ribeirinha da Amazônia.

Mas não estamos falando apenas dessa integração territorial. Estamos falando de produção de energia elétrica, água, saneamento básico. Elementos centrais para o nosso desenvolvimento como país. É por isso que acredito que público × privado deve ser debatido a partir do ponto de vista estratégico.

Uma fábrica de sofás tem que ser pública? É claro que não. Mas e quando falamos de saneamento básico e

OS PAÍSES MAIS RICOS INVESTEM MAIS EM CIÊNCIA PORQUE SÃO RICOS?

OU SÃO MAIS RICOS PORQUE INVESTEM MAIS EM CIÊNCIA?

água? Cerca de 100 milhões não têm serviço de coleta de esgoto no país. São 5,8 milhões de brasileiras e brasileiros que não dispõem sequer de banheiro em suas residências. Quando a gente tem acesso ao debate sobre racismo ambiental (na página 116 você encontra mais informações sobre o assunto), é possível imaginar que a iniciativa privada deva ser a responsável por garantir que a população tenha acesso ao saneamento? Para mim, um serviço essencial não pode estar relacionado ao lucro. Empresas não são organizações filantrópicas. Existem — e tá tudo bem com isso — para lucrar. Se o lucro é o objetivo central, o objetivo não será levar saneamento a famílias mais vulneráveis, né?

Água é (sobre)vivência!

Quase 35 milhões de brasileiros não têm acesso à água potável. É razoável que a oferta de água, essencial para a vida — não só a humana —, seja feita a partir de qualquer outro interesse que não a garantia ao acesso? Entre 2000 e 2019, 312 cidades em 36 países reestatizaram seus serviços de tratamento de água e esgoto. Entre elas, Paris (França), Berlim (Alemanha), Buenos Aires (Argentina) e La Paz (Bolívia).[4] Gosto da frase que circula pela internet e pelas passeatas que diz que, quando tudo for privado, seremos privados de tudo. No caso da água, seremos privados do direito à vida.

---

4. Estudo do Instituto Transnacional (TNI), centro de pesquisas com sede na Holanda, em 2019.

E as universidades?

Os grandes países do mundo podem até estar reestatizando os serviços públicos, mas não mantêm, afinal, universidades públicas ou institutos como o Butantan e a Fiocruz. Por que, então, um país pobre como o Brasil deveria mantê-las? Quem defende as privatizações desconhece (ou finge desconhecer) como funciona o financiamento da produção de ciência nos países desenvolvidos, com bilhões e bilhões de dólares públicos investidos. A economista italiana Mariana Mazzucato escreve bastante sobre isso em um livro chamado *O Estado empreendedor* e traz uma reflexão interessante para fazermos juntas. Se investir dinheiro púbico em pesquisa não fosse importante para o desenvolvimento dos países, por que os países investiriam e disputariam cientistas? Entre 2014 e 2018, o investimento aumentou 19%, 63% oriundos da ampliação chinesa e norte-americana.[5]

Lembra aquela antiga propaganda de bolacha recheada (e não me venha dizer que é biscoito): a bolacha tal vende mais porque é fresquinha ou é fresquinha porque vende mais? Claro que esses países investem mais porque são mais ricos. Mas será que não são mais ricos porque investem mais? Num mundo como o nosso, há possibilidade de países se desenvolverem sem esse investimento?

> *E é aqui que entra a promessa autorrealizável: quanto mais depreciamos o papel do Estado na economia, menos condições teremos de elevar seu nível de jogo e de transformá-lo em um player*

---

5. Relatório de Ciências da UNESCO: a corrida contra o tempo por um desenvolvimento mais inteligente; resumo executivo e cenário brasileiro, 2021.

importante, e assim ele terá menos condições de atrair melhores talentos. Será coincidência o fato do Departamento de Energia dos Estados Unidos, que é o que mais gasta em P&D no governo americano e um dos que mais gasta (per capita) *em pesquisa com energia da OCDE, ter conseguido atrair um físico ganhador de um Prêmio Nobel para dirigi-lo?*[6]

---

6. MAZZUCATO, Mariana. *O Estado empreendedor*: desmascarando o mito do setor público vs. setor privado. Trad. Elvira Serapicos. São Paulo: Portfolio-Penguin, 2014.

PEQUENO DICIONÁRIO AUXILIAR

Empatia

Empatia é o saber sentir e colocar-se no lugar de outra pessoa. Mas de verdade, sabe? Não a partir do teu lugar, mas tentando te colocar naquele outro lugar, nas circunstâncias da outra pessoa. ■

Solidariedade

Se pudesse ser um apelido para uma pessoa, seria para o padre Júlio Lancellotti, o homem que encarna a solidariedade em nosso país. Ele diz que solidariedade é uma luta de semear esperança. O conceito nos remete a uma responsabilidade mútua. ■

Vacinação

Pacto social ou coletivo: a gente fala que a vacina é um pacto social ou coletivo para a erradicação de doenças porque, se uma pessoa não se vacina, ela não está decidindo apenas sobre a vida dela, mas sobre a de outras pessoas. Se ela for contaminada, poderá transmitir a contaminação para muitos outros, fazendo com que doenças erradicadas ou altamente controladas voltem a circular. ■

Negacionismo

Essa expressão, infelizmente, é cada vez mais usada. Ela significa a não aceitação, isto é, a negação de eventos históricos ou fatos científicos, mesmo com todas as evidências e argumentos que os comprovam. ■

Extrema-direita

A Wikipédia nos mostra que é a política mais à direita do espectro político, abarcando ideologias autoritárias e nacionalistas extremas, como o fascismo e o nazifascismo. ■

Ocupação × invasão

Pode parecer apenas semântica, mas não é. Há um elemento político na escolha do uso de uma ou outra expressão para nos referirmos aos movimentos que lutam por reforma agrária ou reforma urbana. Invasão tem seu sentido mais próximo — no dicionário e no senso comum — à ilegalidade. Refere-se também à entrada em um espaço que estaria sendo utilizado. Já ocupação tem relação com a entrada em espaços não utilizados, que não estejam cumprindo a sua função social. Por isso, movimentos sociais se referem à ocupação de terras, áreas urbanas ou prédios públicos abandonados. ■

Milícia

Milícia (e familícia) são expressões que têm sido cada vez mais usadas. Recentemente, quando um dos meus artigos foi traduzido para o espanhol, a tradutora me dizia que o termo soava antigo e que o mais adequado seria grupo paramilitar. Ocorre que o sentido brasileiro é muito mais complexo. A Wikipédia resume milícias, no contexto brasileiro, como uma maneira de operação das organizações criminosas formadas nas comunidades de baixa renda, inicialmente com o pretexto de combater o narcotráfico. Esses grupos se mantêm com a extorsão das comunidades e com a exploração clandestina de gás, televisão a cabo, máquinas caça-níqueis etc. As milícias são grupos formados por policiais, bombeiros, vigilantes e militares na ativa ou não. Outros tantos milicianos são moradores das favelas e respaldados por políticos. Estima-se que 57,5% do território do Rio de Janeiro, por exemplo, seja controlado por milícias. ■

CPI: Comissão Parlamentar de Inquérito

É uma das maneiras de o Poder Legislativo fiscalizar o Poder Executivo, ou seja, de parlamentares (vereadores, deputados estaduais, deputados federais e senadores) fiscalizarem prefeitos, governadores e presidente. Pode ser também uma CPMI, o que significa que ela é mista, isto é, entre a Câmara e o Senado. ■

NA INTERNET

Mídia Ninja
◎ midianinja

OUTRAS LEITURAS

Política é para todos
Gabriela Prioli

O Estado empreendedor: Desmascarando o mito do setor público vs. setor privado
Mariana Mazzucato

A guerra: A ascensão do PCC e o mundo do crime no Brasil
Bruno Paes Manso e Camila Nunes Dias

A república das milícias: Dos esquadrões da morte à era Bolsonaro
Bruno Paes Manso

Amanhã vai ser maior: O que aconteceu com o Brasil e possíveis rotas de fuga para a crise atual
Rosana Pinheiro-Machado

SUAS PALAVRAS

Anota aqui outras dicas, pessoas que tu segue, livros que tu estás lendo, artigos que mudaram o teu jeito de pensar. Vamos construir nosso próprio centro de informações. Aliás, compartilha a foto das tuas anotações usando a #somosaspalavras

....
....
....
....
....
....
....
....
....
....
....
....
....
....
....
....
....
....

SUST
BIL

NT
DE

Não existe planeta B

7 MILHÕES

de casos por ano de doenças agudas e crônicas são causados por produtos químicos sintéticos que matam insetos, larvas, fungos e carrapatos, também chamados de agrotóxicos.

Pedro Osório, a cidade em que eu morava aos 10 anos de idade, é parte das melhores lembranças de minha vida. Muitas dessas recordações são relacionadas à figura de meu pai, que insistia em adotar práticas sustentáveis antes de elas serem parte daquilo que nossa sociedade pactua como adequado. Estamos falando do início dos anos 1990, e lá em casa separávamos lixo, não podíamos comer embutidos e margarina (gordura vegetal hidrogenada) e meu pai evitava comprar produtos com embalagens. Para uma criança nascida na década de 1980, na explosão desse capitalismo que coloriu as prateleiras de supermercados com embalagens extraordinárias, entender que a melhor comida não estava dentro de um saco plástico foi bem complexo. Todas as escolhas de meu pai foram ficando marcadas: os almoços na Macrobiótica de Pelotas, as idas na Coolmeia, em Porto Alegre, a busca por produtos livres de agrotóxicos quando esses produtos nem sequer eram comercializados, os finais de semana em assentamentos do MST, o uso de produtos de cooperativas locais em detrimento das grandes marcas, a proibição de comer salsicha, embutidos etc. Na prática, meu pai debatia a produção de alimentos e o uso de agrotóxicos, um assunto que agora é bem mais popular. Na época, uma das minhas maiores vergonhas era quando ele começava a falar sobre desodorantes! Afinal, desodorantes com spray eram proibidos para proteger a camada de ozônio, pois eles continham clorofluorcarbono (CFC), substância responsável pelo desodorante líquido sair com pressão do frasco e que, ao se dispersar na atmosfera, chega à camada de ozônio, transformando ozônio (O_3) em oxigênio (O_2).[1]

Nessa época, o Rio de Janeiro sediou a Eco-92 (ou Rio-92), a segunda Conferência das Nações Unidas para o Meio Ambiente e Desenvolvimento, que aconteceu vinte anos após a primeira, realizada em Estocolmo em 1972. Embora existisse muito antes dos anos 1970, o debate ambiental ganhou maior dimensão pública a partir desse momento. Um dos pontos de consenso nessa conferência foi justamente a responsabilização das nações mais desenvolvidas como mais danosas ao meio ambiente. Foi na Eco-92 que Fidel Castro fez um discurso que circula bastante na internet, afirmando que:

> *[...] se quisermos salvar a humanidade dessa autodestruição, teremos que fazer uma melhor distribuição das riquezas e das tecnologias disponíveis no planeta. Menos luxo e menos esbanjamento nuns poucos países para que haja menos pobreza e menos fome em grande parte da Terra. Não mais transferências ao terceiro mundo de estilos de vida e de hábitos de consumo que arruínam o meio ambiente. Faça-se mais racional a vida humana. Aplique-se uma ordem*

---

1. ABRIL BRANDED CONTENT. Desodorante aerossol faz mal ao meio ambiente? *Veja Saúde*, março de 2020.

econômica internacional justa. Utilize-se toda a ciência necessária para um desenvolvimento sustentável sem contaminação. Pague-se a dívida ecológica, e não a dívida externa. Desapareça a fome, e não o homem.[2]

E, enquanto a gente finge que coisas assim não são tão graves, florestas estão desaparecendo, desertos estão se espalhando, bilhões de toneladas de terra fértil acabam no mar todos os anos, várias espécies estão se extinguindo. A pressão demográfica e a pobreza levam a esforços desesperados para sobreviver, mesmo à custa da natureza.

Não é possível culpar os países do terceiro mundo, as colônias de ontem, as nações exploradas e saqueadas de hoje por uma ordem econômica mundial injusta. Ou seja, é preciso identificar e responsabilizar os responsáveis. E essa frase pode parecer óbvia, mas, na prática, não é. Como todos os outros debates trazidos aqui no livro, não existe uma visão neutra e única sobre meio ambiente e sustentabilidade, mas já, já voltamos a essa discussão.

Entre os saldos da Eco-92, está a Convenção--Quadro das Nações Unidas sobre Mudança do Clima, ratificada em 1994. A COP é o órgão supremo dessa convenção.

---

2. Discurso de Fidel Castro na Eco-92 no Rio de Janeiro.

Mas, afinal, o que é COP?

COP significa Conferência das Partes, uma associação de todos os países signatários da convenção, que se reúnem desde 1995, por duas semanas, para avaliar a situação das mudanças climáticas no planeta. Então a COP-26 significa o 26º encontro dessas partes, entende? A de número 26 foi tão relevante porque fez a primeira avaliação sobre o Acordo de Paris, celebrado cinco anos antes numa COP, a de número 21, em Paris. Esse acordo trabalha com medidas de redução de gases de efeito estufa a partir do ano de 2020, tentando conter o aquecimento global abaixo de 2°C e, preferencialmente, até 1,5°C.

Falando assim, parece que o mundo inteiro está comprometido com a resolução do problema e que vai dar tudo certo, né? Será?

É possível salvar o planeta a partir da ideia de uma economia verde?

As Nações Unidas afirmam que economia verde é uma "alternativa ao modelo econômico dominante que vivemos atualmente, o qual exacerba as desigualdades, incentiva o desperdício, desencadeia escassez de recursos e gera ameaças ao meio ambiente e à saúde humana". Militantes ambientalistas progressistas ironizam a chamada economia verde dando a essa alternativa o nome de capitalismo verde e afirmam que essa é apenas uma nova roupagem para o sistema. Afinal, o capitalismo pode ser sustentável? Não é justamente do modelo de produção e consumo do próprio capitalismo a responsabilidade central pelo colapso do planeta? Para responder a essa pergunta, busco uma frase do seringueiro, militante ambiental e sindicalista Chico Mendes, executado em 1988 por grileiros: "Ecologia sem luta de classes é jardinagem", ele disse, numa perspectiva de reconhecimento do sistema em que vivemos como nuclear para a destruição do planeta, numa perspectiva similar àquela apresentada por Fidel Castro em seu discurso na Eco-92.

Mujica nos alerta há anos sobre a impossibilidade de protegermos o meio ambiente com uma sociedade baseada no consumo e no mercado:

> *A crise da água, a agressão ao meio ambiente não são uma causa. A causa é o modelo de civilização que nós criamos.*
> *E a única coisa que temos de reexaminar é o nosso modo de vida. Não estou falando para voltar aos dias do homem das cavernas ou de erigir um monumento ao atraso. Mas não podemos continuar assim, indefinidamente, sendo governados pelo mercado. Temos que dominar o mercado. A grande crise não é ecológica, é política.*[3]

O que está em debate quando afirmamos que não existe um outro planeta, um planeta B, é a perspectiva não apenas do fim de nossa espécie, mas de nosso planeta. E é contra esse fim que devemos lutar.

---

3. Discurso de Mujica na Rio+20, em 2012: "Clima e Direitos Humanos — Vozes e Ações".

"NÃO PODEMOS CONTINUAR ASSIM, INDEFINIDAMENTE, SENDO GOVERNADOS PELO MERCADO.

TEMOS QUE DOMINAR O MERCADO.

A GRANDE CRISE NÃO É ECOLÓGICA, É POLÍTICA."

— JOSÉ MUJICA
em discurso na Rio+20.

Ailton Krenak, líder indígena, ambientalista e escritor brasileiro, nos diz que

> a relação que resultou na crise climática é anunciada pelos povos originários americanos desde sempre. Está na carta atribuída ao Chefe Seattle [anglicização de Si'ahl, líder dos povos Suquamish e Duwamish, que viveu na virada do século XVIII para o XIX], base do movimento ambientalista. Ele diz ao governo dos Estados Unidos: "Tudo aqui é vivo, o cervo, a brisa da manhã, a relva, a montanha. Você quer comprar essa terra que para nós é sagrada. Não entende que vai morrer e ser enterrado nela?". É uma profecia, que diz: "Se você não andar com cuidado, um dia vai despertar imerso no seu próprio vômito".[4]

Infelizmente, estamos quase lá.

---

4. Entrevista concedida em setembro de 2021 para a Conectas.

PEQUENO DICIONÁRIO AUXILIAR

Mudanças climáticas

Segundo as Nações Unidas, mudanças climáticas são transformações de longo prazo na temperatura e no clima. Essas mudanças podem ocorrer de forma natural, por variações no ciclo solar, mas, desde 1800, suas principais causas são humanas, sobretudo devido à queima de combustíveis fósseis, como petróleo, gás e carvão. ■

Mercado ou crédito de carbono

Na COP de 1997, foram estabelecidos, no chamado Protocolo de Kyoto, limites de emissão de gases e criou-se um mecanismo para que países pudessem "negociar seus créditos" quando não alcançassem suas metas. Apenas os países desenvolvidos estavam aptos a essa negociação. Em 2015, o Acordo de Paris facultou às demais nações a entrada no chamado mercado de carbono. Os créditos desse mercado são baseados na ideia de que quem polui e não alcança a meta pode comprar o crédito de quem não poluiu e pode, portanto, vender suas licenças extras. Cada crédito de carbono corresponde a uma tonelada de dióxido de carbono (CO_2). ■

Negacionismo sobre o aquecimento global

Certamente você já encontrou alguém que diz que a Terra sempre passou por ciclos de mudanças de temperatura e que, portanto, o aquecimento global não existe. Essa turma ignora todo o acúmulo científico que comprova que nunca houve uma variação dessa magnitude e que ela coincide com a Revolução Industrial, isto é, com o período histórico que marca o início da emissão de gases de efeito estufa em maiores patamares. Além disso, os negacionistas do clima também utilizam os invernos com temperaturas muito baixas em algumas regiões para "comprovar" que o planeta não está "aquecendo". Ocorre que o aquecimento global não é apenas a elevação da temperatura média, mas tem como efeito secundário o fenômeno dos "climas extremos", sejam eles mais quentes, úmidos, secos ou frios. Isso justamente comprova o desequilíbrio climático. ■

Greve Global pelo Clima

Mobilização com o objetivo de denunciar a urgência de ações que enfrentem as mudanças climáticas, foi realizada pela primeira vez em 2018, a partir da iniciativa da organização Fridays for Future, ligada à jovem ativista sueca Greta Thunberg. ■

Consumo consciente

É o consumo que considera, além de preço ou marca do produto, questões ligadas à relação entre produção e meio ambiente, saúde humana e animal, relações de trabalho justas etc. ■

Gases de efeito estufa (GEE)

São substâncias gasosas que naturalmente estão presentes na atmosfera. Essas substâncias absorvem parte da radiação infravermelha emitida pelo sol e refletida na superfície terrestre, mantendo nosso planeta aquecido, uma vez que dificultam que esse calor (radiação) vá para o espaço (desculpe o trocadilho infame, mas talvez essa seja a única vez em minha vida que ir para o espaço signifique literalmente ir para o espaço). Se é verdade que esse é um fenômeno natural, as ações humanas aumentaram a concentração desses gases, fazendo com que a temperatura média do planeta se elevasse. ■

Greenwashing

É uma expressão em inglês que se refere às práticas utilizadas por empresas ou personalidades (sobretudo da política) para a construção de uma imagem de preocupação com as questões ambientais não alicerçada em ações que efetivamente mitiguem os impactos ambientais. Na prática, é uma propaganda enganosa centrada no tema ambiental. ■

Agrotóxico

Agrotóxico é o nome dado a produtos químicos sintéticos que matam insetos, larvas, fungos e carrapatos. São responsáveis por 70 mil mortes por ano em países em desenvolvimento, além de 7 milhões de casos de doenças agudas e crônicas.[5]

O Brasil, campeão mundial de consumo de agrotóxicos, ampliou largamente sua liberação nos últimos anos:[6]

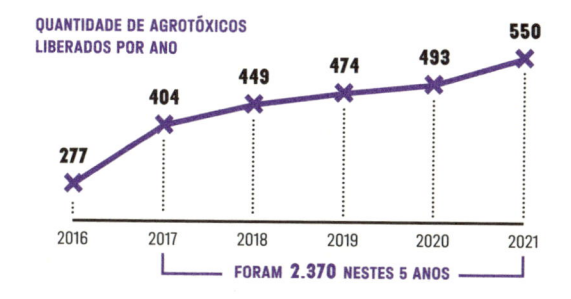

QUANTIDADE DE AGROTÓXICOS LIBERADOS POR ANO

2016	2017	2018	2019	2020	2021
277	404	449	474	493	550

FORAM **2.370** NESTES 5 ANOS

Desses venenos liberados, diversos são proibidos na União Europeia há duas décadas, justamente pelos danos que podem causar à nossa saúde. É o caso da atrazina e do fipronil, princípios ativos, respectivamente, de 12 e 21 produtos liberados, associados a diversos tipos de câncer e tóxicos ao sistema nervoso central. Mas, além de impactarem a saúde humana, os agrotóxicos contaminam o ar, o solo e a água.[7]

---

5. Segundo dados da Organização Internacional do Trabalho (OIT), Ministério da Saúde, julho de 2022.

6. SALATI, Paula. Liberação de agrotóxicos em 2021 bate novo recorde na série histórica; maioria é genérico. *Portal G1*, dezembro de 2021.

7. Parecer da professora Sonia Corina Hess, titular de Química da Universidade Federal de Santa Catarina (UFSC), campus de Curitibanos. Núcleo de Pesquisa de Nutrição em Produção de Refeições divulga (Nuppre), fevereiro de 2022.

Zero Waste ou Lixo Zero

É um movimento que visa potencializar ao máximo o reaproveitamento de resíduos e a redução do encaminhamento de lixo aos lixões e aterros sanitários. ∎

Reciclagem, logística reversa, catadores e catadoras

Reciclagem é o nome dado ao processo de reaproveitamento de resíduos para que se tornem novamente matéria-prima ou produto. A Política Nacional de Resíduos Sólidos (PNRS) define logística reversa como um

> *instrumento de desenvolvimento econômico e social caracterizado por um conjunto de ações, procedimentos e meios destinados a viabilizar a coleta e a restituição dos resíduos sólidos ao setor empresarial, para reaproveitamento, em seu ciclo ou em outros ciclos produtivos, ou outra destinação final ambientalmente adequada.*

No Brasil, 90% dos resíduos são reciclados por uma rede de catadoras e catadores. O Movimento Nacional dos Catadores de Recicláveis (MNCR) indica que, das 800 mil pessoas que trabalham com resíduos, 70% são mulheres. ∎

Política Nacional de Resíduos Sólidos (PNRS)

A Lei nº 12.305/2010 é aquela que regulamenta e organiza a maneira como a sociedade brasileira lida com seus resíduos (talvez você ainda chame de lixo), buscando prevenir e reduzir a geração desses resíduos, criando instrumentos que propiciam o aumento da reciclagem e a utilização de resíduos sólidos. A lei traça metas para a eliminação dos chamados lixões e institui responsabilidade partilhada entre fabricantes, importadores, distribuidores, comerciantes e população no manejo dos resíduos sólidos. E a legislação também é inovadora por reconhecer o papel das catadoras e catadores de lixo no processo de reciclagem e logística reversa. ■

Por que usamos a palavra resíduos, e não lixo?

A minha convivência com os catadores e catadoras de resíduos sempre foi muito educativa. Com essa turma, aprendi a chamar de resíduos aquilo que antes chamava de lixo. Lixo é, para nós, aquilo que não tem mais nenhuma utilização. Mas como assim não tem mais nenhuma utilização? Vamos lá: resíduo é aquilo que é descartado e que pode adquirir nova utilidade a partir do processo de reciclagem. Rejeito é aquilo que não pode ser reciclado nem compostado, isto é, transformado em adubo natural. Se tu jogas um computador fora e suas peças podem ser utilizadas pela indústria, ele não é um lixo eletrônico, entende? ■

Veganismo/vegetarianismo

Vegetarianismo é o regime alimentar da pessoa que não consome nenhum produto de origem animal. Ovolactovegetariano é aquele que come ovos e derivados de leite. Mas então o que é veganismo? É muito mais do que um regime alimentar (o regime alimentar dos veganos é vegetariano). Segundo o inglês Donald Watson, fundador da primeira Sociedade Vegana (1944), ser vegano é "um modo de vida que busca excluir na medida do possível e praticável toda e qualquer exploração e crueldade contra animais para alimentação, vestuário e qualquer outro propósito". Claro, se você quiser se aprofundar no debate sobre o veganismo, podes conhecer conteúdos incríveis sobre a ideia do veganismo e a luta contra a opressão animal poderem ser associadas a todas as lutas contra a opressão, por exemplo, ou então sobre o veganismo popular. ■

UMA SUGESTÃO

Visita um galpão de reciclagem na tua cidade ou região. Lá vais conversar com uma trabalhadora ou trabalhador e essa pessoa vai te explicar tudo o que precisas saber e entender sobre como as nossas cidades tratam seus resíduos e sobre o impacto da educação ambiental na cadeia da reciclagem. Catadoras e catadores são agentes ambientais e nos ajudam a enfrentar um dos maiores problemas de nossa sociedade. Sabe aquela camiseta que tu usas com a imagem da Greta? Tá tudo bem, mas pensa que tua cidade tem dezenas de pessoas que colocam a mão na massa pra salvar o planeta e não são valorizadas adequadamente.

NA INTERNET

Alex Cardoso
- alexcatador

Sabrina Fernandes
- safbf
- teseonze

Marina Silva
- MarinaSilva
- _marinasilva_

Mídia Índia
- midiaindiaoficial

Casa Ninja Amazônia
- casaninjaamazonia

342 Amazônia
- 342amazonia

Randolfe Rodrigues
- randolfeap
- randolferodrigues

Alessandro Molon
- alessandromolon
- molonrj

Célia Xakriabá
- celiaxakriaba
- celia.xakriaba

Giovanna Nader
- Giovannader
- giovannanader

Bela Gil
- belagil

Blog Papacapim
- http://www.papacapim.org

Ailton Krenak
- _ailtonkrenak

Daniel Munduruku
- DMunduruku
- danielmundurukuoficial

SUAS PALAVRAS

Anota aqui outras dicas, pessoas que tu segue, livros que tu estás lendo, artigos que mudaram o teu jeito de pensar. Vamos construir nosso próprio centro de informações. Aliás, compartilha a foto das tuas anotações usando a #somosaspalavras

....
....
....
....
....
....
....
....
....
....
....
....
....
....
....
....

RESULT

ÊNCIA

UFA!
Chegamos até aqui.

Espero que tu tenhas parado a leitura em diversos momentos, só pra comentar com alguém esse ou aquele assunto. Também sonho que alguns parágrafos tenham te feito repensar situações e opiniões que até então eram definitivas e que tu já estejas mergulhando nas leituras, nas sugestões, no conhecimento das pessoas citadas. E, sobretudo, torço pra que cada palavra aqui escrita tenha despertado em ti a vontade de voltar a conversar sobre assuntos difíceis.

Para mim, como disse lá no início, compreender o mundo é fundamental para que a gente possa transformá-lo em um lugar melhor, mais solidário, com menos exploração e violência, com mais desenvolvimento, respeito e felicidade. Eu espero que este livro tenha te ajudado a entender mais, para assim pensar e mudar o mundo. Espero que tu sigas usando aquilo que compreendes para chegar a mais pessoas. Aquilo que a gente sabe só tem sentido, assim como a felicidade, quando é compartilhado.

ÍNDICE

A B

Agência de checagem 29
Agrotóxico 161
Água (acesso à) 140
Algoritmo 27
Aquecimento global 159
Assexuais 76
Bissexuais 72
Bots 28
Branquitude 103

C

Chatbots 28
Clickbait **ou caça-cliques** 28
Colonialismo/neocolonialismo 116
Colorismo 106
Comunidades remanescentes de quilombo/Comunidades quilombolas 104
Consumo consciente 160
Conteúdo enganoso 22
Conteúdo fabricado 23
Conteúdo impostor 23
Conteúdo manipulado 23
Corponormatividade 129
Cotas 96
COP (Conferência das Partes) 154
CPI: Comissão Parlamentar de Inquérito 145

D E

Dandara e Zumbi/Quilombo dos Palmares 107
Desigualdade de gênero 38
Desinformação 21
Diáspora 106
Discriminação 93
Discurso de ódio 24
Dororidade 51
Eco-92 (Rio-92) 152
Economia verde 154

Educação inclusiva 129
Empatia 143
Empoderamento 108
Epistemicídio 103
Equidade e igualdade 54
Escravização 92
Exposed 30
Extrema-direita 144

F G H

Fake news 21
Falsa conexão 22
Falso contexto 23
Feminicídio 52
Feminismo 42
Feminismo negro 53
"Fuga de cérebros" 137
Gases de efeito estufa (GEE) 160
Gays 71
Greenwashing 160
Greve Global pelo Clima 159

Heteronormatividade 86
Homens e mulheres cisgênero (pessoas cis) 83
Homofobia 83

I J L

Identidade de gênero 50
Ideologias 51
Ideologia de gênero 51
Indígenas 100
Interseccionalidade 43
Intersexuais 75
Investimento 137
LGPTQIAP+ 69
Lésbicas 70
Letramento racial 105
Liberdade de expressão 24
Linguagem inclusiva e linguagem neutra 59
Lugar de fala 104
Luta antirracista 91

M

Mãe solo 50

Mães atípicas/maternidade atípica 129

Mercado ou crédito de carbono 158

Meritocracia 135

Metaverso 30

Milícia 145

Misandria 58

Misoginia 58

Moderação de conteúdo na internet 29

Movimentos identitários, identitarismo e identitários 49

Mudanças climáticas 158

N O

Negacionismo 144

Negacionismo sobre o aquecimento global 159

Negro/preto 108

Ocupação × invasão 144

Orientação sexual 54

P Q

Pacto narcísico da branquitude 103

Pansexuais 77

Patriarcado e patriarcal 55

PCD 129

Pessoas não binárias 83

Plataformas (digitais) 29

Pobreza menstrual 55

Política Nacional de Resíduos Sólidos (PNRS) 163

Por que usamos a palavra resíduos, e não lixo? 163

Pornografia de vingança 30

Povos e Comunidades Tradicionais (PCTs) 106

Povos originários 106

Preconceito 93

Privatização 138

Privilégio 56

Punitivismo/Encarceramento em massa/Genocídio/Guerra às drogas 109

Queer 74

R S

Racismo 93

Racismo ambiental 116

Racismo estrutural 94

Reciclagem, logística reversa, catadores e catadoras 162

Sátira ou paródia 22

Sexismo 54

Sistema Único de Saúde (SUS) 137

Solidariedade 143

Sororidade 52

T U V Z

Transfobia 84

Transgêneros 73

Universidades públicas 141

Vacinação 143

Veganismo/vegetarianismo 164

Viés de confirmação 28

Violência política de gênero 62

Zero Waste **ou Lixo Zero** 162

**Acreditamos
nos livros**

Este livro foi composto em Elephant, Halvar e Plantin Pro e impresso pela Gráfica Santa Marta para a Editora Planeta do Brasil em setembro de 2022.